冰島

自助旅行

小甜&Ethan、吳延文 著

開車自駕、行程路線、當地活動、追逐極光
▶▶▶▶▶▶▶▶▶　▶▶▶▶▶▶▶▶▶　▶▶▶▶▶▶▶▶　▶▶▶▶▶▶▶▶

·超完整規劃 ▶ 全新修訂版·

開啟擁抱世界的那扇窗

　　2012年的某個周末早晨，我和Ethan坐在巷口早餐店裡，邊用餐邊聊着下次旅行目的地的話題。我們總是會在陽光明媚的早餐時光漫無邊際天馬行空的發想下一趟、下下趟、下下下一趟旅程要去哪裡。

　　Ethan：「不然就去冰島吧？」

　　這個突如其來的、不熟悉的國家第一次出現在我們的對話，著實把我嚇了一大跳。

　　那時候的冰島在亞洲旅遊界根本還名不見經傳，那些吸引大量觀光人潮的電影《白日夢冒險王》、《雷神索爾》、《星際效應》甚至都還沒有上映，冰島在我的旅遊地圖中根本從未浮現過。

　　「冰島是個同時具有冰川和火山的國家，感覺就像世界的盡頭」

　　就這樣的一段簡單的描述和嚮往，結合了我從未讓老公失望的愛，2013年屬於小夫妻的第一趟冰島之旅成行了。那時候的我完全沒有想過，部落格上的冰島行前準備和遊記會因為往後幾年的冰島熱而成為冰島旅遊聖經。

　　時至今日，在網路上搜尋冰島旅遊，就會出現一堆可供參考的自助旅行網頁、遊記，然而在2012年以前，冰島相關的旅遊參考資料可說是乏善可陳，書局裡幾乎沒有堪用的旅遊工具書，網路上的資料也少之又少，『那不如我來做一個完整的旅遊紀錄和資料平台吧』！就是因為這樣的一個念頭，我在旅遊結束後把大量的行前資料整理成完整的參考文章，拉近了冰島和台灣之間的距離。

　　這就是我的初衷。

　　其實《用相片記錄生活》這個部落格，一開始只是為了給自己留個紀錄。

　　隨著小夫妻去的地方越來越多，一段時間後，許多當時經歷過、體驗過的感動和小細節難免被淡忘。然而每趟旅程其實就像人生的縮影，當中的際遇都是未來的經驗累積和默契養成，它會成為你的一部分，形塑每個獨特的「人」。事過境遷的多年以後，這些文字會成為人生中回憶的足跡，讓我可以再享受一次當年旅程的驚喜（或是驚嚇？）；同時它也像是一面鏡子，讓我看到自己一路以來的變化，學到了哪些好的經驗、或壞的體驗，交到了哪些朋友。

　　然而隨著越來越多粉絲和朋友喜歡看我的文章，部落格也開始從原本日記的取向漸漸轉型為章節完整的旅遊規劃，因為我希望美好的人生經驗不是只有我們自己享受到。

　　其實每個人都有能力自己去探索這個世界，無關乎學歷、無關乎語言、更無關乎金錢，多數人只是沒有把自己丟到文化上完全陌生環境的經驗，所以沒有信心、缺乏方法；所以我試圖透過部落格，教導大家如何從無到有、一步一步地完成自助旅行的規劃，鼓勵大家用各種方式踏出去看看這個世界。當成功的走出那第一步後，你才會發現這個世界遼闊多樣，你會想要再多走幾步，再多交一些朋友，因為你的眼界、想法和人生，都會因為真正去接觸世界上各角落不同的文化而有了成長和改變。

　　或許過去沒有人替你開一扇窗，我希望《用相片記錄生活》和這本書，可以成為大家踏出舒適圈的那一扇窗。

Sheri

Ethan

冰島給了我改變的勇氣

工作幾年後有幸進入財星前十名的外商，在工作生活漸漸穩定、逐一達成社會期待的里程碑後，卻不怎麼開心，仍然有無法自我實現的焦慮，想來才發現過去忙著完成他人期待卻不了解自己，即使參與各種活動來逃離焦慮，繞來繞去始終會回到原來的生活，才發現不改變，自己哪裡也去不了，但要怎麼改變呢？

繼續本行或轉行？就業或創業？國內或去國外？而另一個更近在眼前的難題是，真的要離開跑道嗎？其實並不討厭現在的工作，做的也不錯，何況大企業有穩定的薪水，繼續下去人生大可一帆風順；相對來說，走向未知的道路，能找到更適合的生活，未來變得可以期待。選項在眼前展開，優點與風險也隨之浮現，讓選擇變得困難重重。

恰巧那時有部在冰島拍攝的電影《白日夢冒險王》上映，劇情與當時的心境不謀而合，冰島就此在心中成了改變與勇氣的代名詞，加上又遠又冷、資訊又少，讓此地更加特別，想到能踏上去就很激動，但一方面又會懷疑這種規模的自助旅行我做得到嗎，首次離開亞洲就衝北極圈？想到這裡發現，怎麼和想轉換跑道的心境一樣，看到遠處的美好，卻因自我懷疑而不敢離開原地半步，我想，已經厭倦那個逃避又隨便放棄的自己了，從前進冰島開始改變吧，順利的話今後就能克服改變障礙了，讓冰島成為一切改變的起點吧。

隨著準備工作展開，過去模糊的疑惑逐漸變得清晰，對於克服自我懷疑、如何前進，也稍微有了心得。而冰島果然不負期待、驚喜連連，不只親身體驗到曾經只存在想像中的美好，還看見超越期待的風景。旅程中遇見了許多未知，都讓人認知到凡事總存在其他選擇，對事物的包容度也更加開闊。拜冰島行所賜、不只完善了自身不足，還讓改變有了好的開始，因此對冰島的喜愛也很自然的在「極樂冰島」網站上展露無遺，之後更是有幸能參與本書編輯，改變至今的成果似乎滿好，全新的歷程讓我獲益良多。

　　這本書能順利出版要感謝城邦集團黃錫鉉總編輯和編輯韻雅，感謝您們當初的
邀約和用心的編輯，致使本書誕生。這趟能順利成行則要感謝Kimi Hsu的單眼教學
和冰島情報，讓我不錯過每個美好瞬間。Kala啟發我追求更好的智慧、寫作建議總
是中肯。在寒風不止時我都感謝川島送的手套。Varig在克服難題上總有好建議。
感謝Ruby不厭其煩的給予網站和寫作建議。Jeff Hung專業的裝備建議讓準備事半功
倍。最後要感謝老爸老媽對改變的包容與支持，背包和旅遊險都非常有用，感謝我
弟Wudy總能給出網站和寫作的專業意見。真心謝謝各位強者的一臂之力，沒有你
們事情就無法開花結果，希望今後再一起繼續前進。

Chapter 1

認識冰島&行前準備

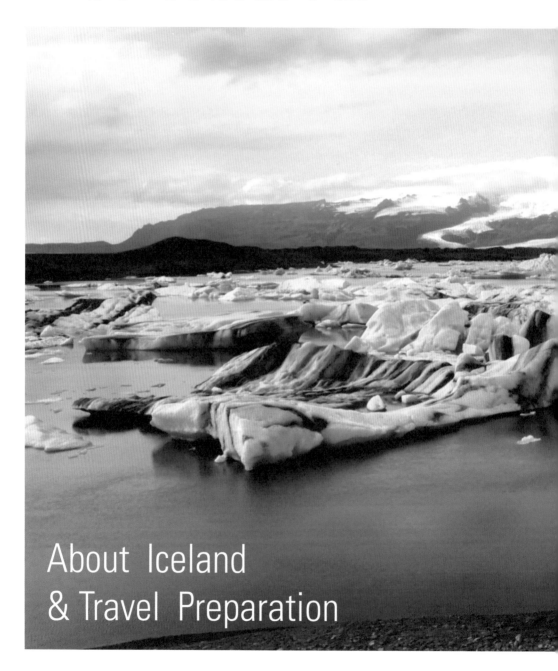

About Iceland
& Travel Preparation

冰島是一塊相當年輕的大地，豐富的大地動能造就了變化萬千的壯闊景色，地貌每年仍在變化當中，使得這裡成為熱門的電影取景地，也是許多奇幻文學的靈感來源。

只要持有台灣護照，不需簽證即可進入冰島短期停留。冰島氣候多變，早晚溫差大，因此防風防雨又保暖的配備必不可少，建議採取洋蔥式的穿法。

關於冰島

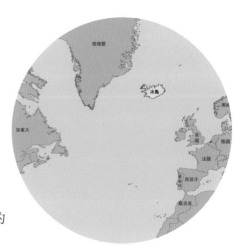

地理位置

　　冰島本島面積有10.3萬平方公里，約是三個台灣大小，位於北歐外海、歐亞和北美兩大板塊交界處，是全歐洲最西邊的國家。從冰島往東飛970公里會到挪威，向東南方游800公里是蘇格蘭，格陵蘭就在西邊，北極圈線則紮實的通過了位在冰島北部的格里姆賽島（Grímsey）。

建國由來

　　冰島是地球上最晚有人定居的陸地。早期的北歐國家因為政治鬥爭，許多部落首領紛紛求去，在挪威人Ingólfur Arnarson首度踏足冰島之後，其他人也紛紛在西元870～930年間陸續到冰島定居。隨著人越來越多，社會開始需要一套制度，由於這些人共同經歷了政治鬥爭，厭倦君主立憲制，因此衍生出共和制度，成立了世界上第一個民主議會。

　　冰島早期是挪威的殖民地，後來又被丹麥統治，直到1918年才合議讓冰島擁有主權，但是外交與國防仍由丹麥掌控。情況持續到二戰爆發，丹麥在1940年被德國占領後，冰島才趁亂收回外交與國防自治權，同年英美兩國因為冰島的戰略位置而先後駐軍，對冰島的經濟帶來了顯著的影響。於是四年後，在97%冰島人的支持下，冰島宣布脫離丹麥獨立，並在兩年後加入聯合國。

主要產業背景

　　冰島四面環海，自古以來漁業一直是主力產業，農業其次。隨著時間過去，產業逐漸多樣化，冰島政府也藉由保護良好的原始自然景色吸引全球遊客前來，順勢發展觀光業和服務業。另外，由於豐富的地熱資源，當地電價相對便宜，也吸引了用電需求高的資訊業和製鋁業在此設廠，英國也在評估要建一條跨海電纜向冰島接電。而在金融與商業方面，冰島更是許多國際組織的成員，包括聯合國、世界貿易組織，以及歐洲經濟區等。

當地氣候

　　溫度：冰島從字面看起來很冷，其實不然，由於地底富含岩漿，整座島像是被加熱的地板，加上周圍被溫暖的洋流環繞，使得夏天平均是清爽的7～13度，冬天是溫和的-2～3度，比起同緯度國家動輒-40度來說，算是相當宜人了。

　　天氣：冰島位於低壓帶，附近的冷暖氣團時常在此交會，導致天氣多變，此刻出太陽，沒多久就開始下雨或起霧，不一會兒又有太陽了，在這裡待上幾天就能漸漸體會到冰島諺語說的：「if you don't like the weather, just wait five minutes.」

　　季節&日照：冰島夏季（5～8月）的日照時間很長，以首都雷克雅維克為例，足足有21個小時；而冬天則是相反，日照只剩下4小時。越往北走，永晝或永夜的現象就越明顯。

時差

　　冰島比台灣慢8小時（台灣時間18:00＝冰島時間10:00）。冰島沒有採用日光節約時間，因此整年與台灣的時差都相同。

電壓

　　冰島當地的電壓是220V、50Hz，插座型式是圓形雙孔。手機、筆電插頭大部分都含變壓功能而可直接插電，但像電湯匙、快煮壺等電器則必須要透過變壓器才能插電。請注意有些轉接插頭與延長線並不具備變壓功能，購買前最好先確認是否合乎使用。

語言

　　冰島的官方語言依序是冰島語、英語、丹麥語。冰島人一般都會說英語，菜單和路牌也都有冰島語和英語的雙重標示，因此只要懂簡單的英文，就能順利在冰島旅行。

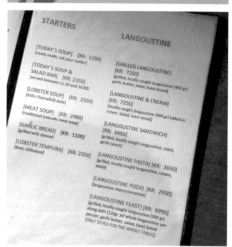

冰島龍蝦餐廳菜單

人口組成

　　冰島全國約有33萬人，其中64%住在首都雷克雅維克（Reykjavík）。民族方面，全國上下幾乎都是冰島人，只有4%是歐洲人、1%亞洲人，和2%來自其它地區。冰島人主要信奉基督教，4%則信奉天主教、21%是其他信仰。而冰島人的平均壽命為男79歲、女82歲，是歐洲之冠。

雙語路牌

來冰島必看的極限景觀

冰島是冰與火的國度，在這裡能夠一次縱覽大自然的鬼斧神工。

冰原、冰河湖與冰洞

你可以漫步在歐洲最大的冰原上，
某些有降雪的冰原地區，更是一片純白
雪原。你也可以在冰原四周看見巨大冰
河，這些冰河的末端還形成了罕見的冰
河湖，浮冰與湖水在陽光下閃閃發亮。
除此之外、還可以走進位於冰原內部、
被水鑿出的冰洞，四周景象就像是走進
了瞬間凍結的波浪之中。

火山熔岩、地熱噴泉

冰島地底岩漿活動旺盛，在地表形成了130多座火山、無數的地熱溫泉和間歇
泉。早年火山爆發後，岩漿蔓延冷卻、形成今日廣大的熔岩平原，而位在海邊的熔
岩則被海浪沖刷形成黑色沙灘。

天文極光

　　來到如此靠近極地的地方，抬頭看看清澈的夜空，有數不盡的星星、有極地限定的極光，夏季還有午夜太陽，這裡的天空總是會超出既有認知。

峽灣、瀑布

　　峽灣是冰河切割高山後，再經海水回灌所形成的特殊地形，因此呈現出兩岸垂直峭壁、整體深邃狹長的地貌。開車在峽灣中行進，親自走過冰河流經的路線，是種令人驚嘆的體驗。此外、冰島還有許多高山峽谷，冰原融化的水流經落差處便會形成瀑布，有的氣勢磅礡、有的深不見底，非常千變萬化。

旅遊季

　　一般來說，冰島的旅遊旺季是夏季，但其實冰島四季風情各有特色，沒有最佳季節，哪個月份符合期待，就是適合您的旅遊季。

		6～8月（夏季）	5、9月（中間期）	10～4月（冬季）
氣候	氣溫	12～18°C	4～10°C	-5～0°C
	天氣	下雨／雪機會低	不時下雨、下雪	下雨／雪機會高
	日照	18小時	12小時	4小時
旅遊	景點	●全部活動開放 ●午夜太陽開始	●活動陸續減少 ●極光開始可見	●夏季活動結束、冬季活動開始 ●藍冰洞、極光可見
	交通	路況良好	巴士減班，部分內陸道路封閉	次級道路封閉
花費		物價較高	物價中等	物價較低
人潮		多	中等	少

行前須知

確認護照效期

　　持台灣護照進入冰島，其護照必須是在最近十年內核發，且在離開申根國家當日，護照

（Tips）入境冰島時也不需填寫入境卡，只要過海關時出示護照就好囉！

須仍具有3個月以上的效期；外交護照以及公務護照持有者，應於前往歐盟前向目的地的會員國駐台辦事處確認其護照之有效性；免簽待遇不適用於未載明持有人身分證字號的台灣護照。

貨幣兌換

　　冰島使用的貨幣稱為「冰島克朗」（以ISK或是kr來標示）。歐元和冰島幣都是冰島當地接受的貨幣，不過在台灣無法直接兌換冰島幣，所以一般的做法會先換好歐元，再到冰島的機場或銀行兌換成冰島幣。不過基本上在冰島不太需要使用到當地錢幣，因為幾乎任何地方、大小商店甚至收費廁所均可刷信用卡，只有市區公車以及少部分旅館不接受信用卡除外。因此若自己持有信用卡，建議只需兌換少量現金備用即可。

免辦簽證

　　台灣與歐盟在2011年已簽署「申根免簽待遇」，免簽適用於歐盟所有會員國及申根國家，因此只要是持有台灣護照，不需簽證即可進入申根國在180天內最多可待90天的短期停留。

關於小費

冰島的餐廳、飯店、計程車等都不需要另外給小費，當地人並沒有給小費的習慣（或是已包含在服務費裡），偶爾可能在結帳處看到小費箱，但不用特別投錢也沒關係喔！

開通信用卡密碼

　　在冰島消費很盛行信用卡結帳，小到路邊攤買零食飲料、大到買車買房，連在路邊買熱狗都可以刷卡！在有服務人員的商店或是加油站，只需提供卡片或加上簽名即可；不過必須特別留意的是，若需要自己操作刷卡機時，例如停車繳費機或是無人加油站，就必須在機器上輸入信用卡PIN Code才能刷。在歐美國家，信用卡公司為了減少信用卡被盜刷的問題，開始使用「PIN Code」認證的機制，等於是把簽名換成輸入密碼，所以建議在國內就要先打電話去向信用卡公司申請一組4碼的「認證安全碼PIN Code」。

辦妥國際駕照

　　若有打算租車自駕，記得要申辦國際駕照。申辦方式只需攜帶兩吋照片、國內駕照、護照和身分證，就可以到各地的監理所去換成國際駕照，規費約台幣200元。

 (Tips)

台灣信用卡一般沒有PIN Code安全碼的設計，若想在海外使用信用卡消費，PIN Code就等於於預借現金密碼（也是4位數），因此只要告知發卡銀行要開通「預借現金的密碼」即可。不過使用PIN Code刷卡只會視為一般刷卡，不會變成預借現金。

ENTER PIN

開通PIN Code的小叮嚀

一般銀行都會規定「持有信用卡3個月後才能申請預借現金密碼」，這點請特別留意。

● 各家銀行對信用卡的規定不同，有部分信用卡是無法開通預借現金密碼的，請出發前務必詢問銀行相關訊息。

● 若持有的信用卡未開通PIN Code，則在刷卡時告知對方此卡無認證密碼，再請對方改印出單據並簽名即可。

● 若信用卡無法開通PIN Code或出發前忘記開通，那麼自駕旅行者請記得到便利商店購買加油預付卡，以免在荒郊野外遇到自助加油站時無法加油唷！

付費公廁

冰島有些較熱門景點旁的附設公共廁所需付費才能使用，也可刷卡付費。每人進出一次約冰島幣100元。

行李準備

怎麼帶衣服？

　　北歐地區因為緯度比較高的關係，秋冬時間長且溫度低，從9月中到隔年4月中都是較為寒冷的天氣，即使是春秋時節溫度也只有10來度左右，加上早晚溫差大，因此圍巾、帽子、手套、防水的高筒鞋（雪靴）和一件防風防雨又保暖的羽絨衣，是絕對不能少的基本配備；除此之外，冰島室內大多有暖氣設備，所以冬季的穿搭建議採取洋蔥式的穿法，以有拉鍊和扣子、較容易穿脫的衣物為主，而以圍巾取代高領毛衣也較為適當。夏季雖然較為晴朗高溫，但如果衣物準備太少的話，在冰島也可能受盡冷風吹！冰島的天氣四季變化無常，可能前一分鐘還萬里無雲，下一分鐘就滿臉冰霜雪淚，所以除了依照「氣溫的不同」準備衣物之外，有一些防風保暖物件可是四季皆須攜帶的。

四季都必備的衣物

★防風防水外套

　　在瀑布附近水氣很大，光是站在旁邊拍照就可能濕身，加上冰島天氣變化莫測，時不時就會飄起微微細雨，若有防風防水外套，刮風下雨都不怕。提醒一下，外套最好帶個兩件以上，萬一淋濕後才有另一件可換穿。

★披肩或圍巾

　　冰島地廣人少，所以即使夏天來冰島玩，在一些空曠的地方或是乘坐冰河遊船時，風還是會大到頭髮都被吹走的，因此最好帶著保暖的圍巾或披肩以備不時之需。

★帽子

冰島很常下毛毛細雨，這種雨小到風一吹就到處亂飄，加上冰島風大，傘一撐就吹歪啦，這時候帽子就是個好用的小幫手了，不僅可以避免被淋成落湯雞，在風大的地方也可以避免頭髮被風吹來甩巴掌，還可增加搭配，一物多用。

★保暖內衣褲

絕對是一年四季遊歷冰島都必備的物品，冰島晝夜溫差大，帶著保暖的發熱內衣褲才能萬無一失。

★保暖襪

一雙厚實保暖的襪子可以讓腳丫子和厚重的登山鞋更能緊密的貼合，也能防止走太多路導致腳部不適；在冰原探險健行時，保暖襪更能提供足夠的溫暖。

★泳衣

泳衣絕對是不分一年四季都必備的衣物，冰島到處都是大大小小的溫泉，帶著泳衣絕對讓你不虛此行。

依照季節的搭配衣物

	春（3-5月）	夏（6-8月）	秋（9-11月）	冬（12-2月）
溫度	-1~4° C	6~18° C	5~10° C	-5~0° C
衣物原則	長袖毛衣搭外套	薄長袖搭外套	長袖毛衣搭外套	保暖是最大原則

要穿哪種鞋子？

　　冰島的景點除了一些可開車到達之處以外，很多
景點都必須走碎石路或是爬山才能到達，甚至要到很
多瀑布前也必須經過一大段濕滑的路段；另外，像是
冰川健行等冰上活動也必須長時間在濕滑的冰面上行
走，因此可視行程需要準備一雙Gore-Tex防水高筒登
山鞋。

現在時下很流行的簡便型雪靴
是不行的唷！因為這類雪靴底
部的厚度較薄也不防滑，加上
靴子的外層大多是較為柔軟的
材質，冰爪是完全扣不上去
的，所以建議還是攜帶專業的
防水登山鞋較佳。

登山鞋要件

1.防水透氣
2.防滑
3.好走護踝
4.厚實硬底

其他必備物品

★浴巾

　　浴巾在冰島自助旅行中堪稱不可或缺的要角，因為冰島的溫泉會館通常不會免
費提供毛巾，若沒有自備而須向會館租借，費用約是1000冰島克朗（約新台幣250
元），這時自備就可省下不少冤枉錢呢！另外，冰島天氣變化大，遇到飄細雨甚至
下雪的機率高達99%，所以車上準備一條浴巾，無論下雪下雨或是天氣太冷都派得
上用場，無論是遇到下雨要擦頭髮、站在瀑布附近被噴溼要擦身體、在車上腿冷要
保暖，甚至相機鏡頭機身被雨淋濕了、
或是最後還車前洗車擦乾，有了大浴巾
都能迎刃而解。建議選擇有一點厚度的
大浴巾，如果在車上覺得冷，也可以當
作保暖毯來用。

★面紙

因為冰島飄雨的機率很高，若不小心遇到下雨或降雪的話，相機鏡頭很容易就被雨水滴到或是因為天氣太冷而起霧，在瀑布附近也常會被水氣噴到而導致無法對焦，所以建議一定要隨身攜帶衛生紙唷！

(Tips)

如果擔心相機鏡頭在瀑布附近被淋濕的話，可以把民宿提供的塑膠浴帽帶在身上，步行到瀑布的途中可以將浴帽套在鏡頭前方擋水氣，等到要拍照時再取下，這樣就可以擋掉大部分的瀑布水氣囉！

★零食和音樂

若是租車環島，有時候必須一口氣開個1、2百公里的路，某些路段周圍的景色又極其單調，很容易開著就想睡覺，這時候零食和音樂絕對是提神醒腦的良伴！最好準備一些會讓你想大聲跟著唱的音樂；且冰島入夜後溫度低，帶點零食可以提升體力，建議可以攜帶像是巧克力棒、餅乾條這類便於入口的大小，才不會撒滿身。

★眼罩

冰島因為靠近極圈的關係，所以夏季的夜晚可是不會天黑的。這裡的永晝最早會從五月開始，最晚直到八月底結束。多數的民宿和旅館為了讓遊客們一夜好眠，通常會加裝窗簾，不過若窗簾並非100%阻光的話，到了夜晚仍會有些微的日光從窗外透進來。因此習慣全暗才能睡著的人，如果在夏季到冰島旅遊的話，建議可以自備一副眼罩確保一夜好眠。

★太陽眼鏡

這裡的天氣雖然多變，但太陽出來的時候也是會曬到你兩眼昏花的，加上冰島南部的一號公路周邊植被比較少，幾乎沒有甚麼樹木可以擋住陽光；且在冬季若身處雪地裡，經陽光反射的光線對眼睛也很吃力，所以最好配戴一副太陽眼鏡保護眼睛。

★個人盥洗用品

基本上歐洲多數的民宿和旅館因響應環保，都不主動提供盥洗用品，所以請自備好個人盥洗用品，如牙膏、牙刷、梳子、乳液等，若不想從台灣帶過去，也可選擇在當地購買。

★轉換插頭、延長線

冰島的插座與大多數歐洲國家相同，是圓形雙孔的格式，因此若攜帶台灣電器產品，則需準備轉換插頭去使用。此轉換插頭單純變換形狀，並不具備電壓升降的功能。冰島電壓為220V，而台灣為110V，若攜帶的電器產品只限定在110V的環境下使用而有升壓的需求，最好再另行準備變壓器才有辦法正常使用電器產品。不過為求安全考量，皆不建議另外加裝升壓器，最好是選擇具備國際電壓（適用於110V～240V的環境）的電器產品最實際。

收納打包技巧

在上述的攜帶衣物和必備物品準備好之後，接下來就是行李的打包了，以下幾個小技巧可以大大增加旅行時的便利度和舒適度。

將衣物分成「日用」和「非日用」來打包

因為環島必須經常更換住宿地點，所以行前行李可分成「天天會用到的」和「較不常用到的」：天天都會用到的東西，例如盥洗沐浴用品、化妝品等，可放在旅行袋或是較小的行李箱；比較不常用到的東西，像是衣服、帽子、圍巾等就放在大行李箱裡，進了旅館之後只需拿出換洗衣服後就可以將大行李箱封箱收好，避免每天都必須攤開所有行李箱翻找東西的窘境。

若是租車遊冰島，則可以把大行李箱放在後車廂，入住旅館時只需將盥洗用具與隔天要穿的衣物放入旅行袋或小行李箱中，即可輕裝簡便的入住旅館。

行李箱盡量選「掀蓋式」

在冰島旅遊，建議攜帶的行李箱盡量選擇「掀蓋式」而非「對半開」的款式，所謂的掀蓋式行李箱是指拉鍊上層只有一層外蓋，不能放置物品，這類行李箱的好處是直接拉開外層就可以拿到箱內的物品，使用起來比較方便。特別是在冰島旅遊，因為天氣寒冷的關係，所以行李箱大多是滿箱的狀態，如果臨時要從箱內拿個東西還要把整個行李箱對半剖開，相對比較不方便。再者，若是自駕遊冰島的話，可配合上述第一點的打包原則，將非日用的衣物放在掀蓋式行李箱中，就能直接擺放在後車廂當作「行動衣櫃」囉！

外套放在最外層

除非你是在夏天前往冰島旅遊，否則從轉機的地方到冰島後，絕對一出機場就會感覺到冰島的寒意，所以建議可以將外套放在行李最外層，下飛機後可直接取出穿上。若是租車環島，也可將外套放在後座，下雨或是寒冷的時候隨時可以拿起來穿，被雨淋濕了就換下一件，然後把剛才淋濕的外套先晾在後座風乾，等到身上的這件又被雨淋濕時，車上的已經乾了，就這樣交替著穿唷！

冰島物價

　　冰島因四面環海、特殊地形與氣候條件等特性，並不利於農作物生長，因此除了天然漁獲之外，其餘物資皆仰賴進口。在疫情過後因運輸以及生產成本提升，在2018年冰島物價更是登上全歐洲國家之冠，如今平均一頓晚餐便要價上千元台幣。

　　若具備基本料理能力的旅客，可以到超市購買食材自行開伙，便會省上不少開銷。

　　預算有限的旅人若是想多省些錢，建議可以在匯率好的時候刷較大筆的金額，例如機票、訂房、活動預約，同時也可以換少許歐元再到當地換冰島幣等多種方式來因應冰島的高物價。

冰島趣聞：建國起源

第一個到冰島的人在幹嘛？

有這麼一個傳說，在維京海盜的首領椅子旁，有一對神奇的木棍，木棍上刻著家族姓名和敬神的文字，只要把其中一支木棍丟入大海，它便會尋找最佳登陸點，之後只要透過另一支木棍去找海裡那根木棍的位置，就能順利著陸。

而很久以前，名叫Ingólfur Arnarson的維京人在海上航行時發現了當時的無人島—冰島，他先在Ingólfshöfði小島登陸，蓋起屋子並渡過第一個冬天，接著他決定讓神來決定定居點，隨即拿起椅子旁的其中一支木棍丟入海中，然後派出兩個奴隸Vífill和Karli去尋找，他們兩人沿著海岸線找了三年後，最後在雷克雅維克發現了木棍。

這裡土地肥沃、小山樹木叢生，有充裕的漁場，鄰近島嶼棲息著鳥類，四周的溫泉讓海灣充滿蒸氣，Ingólfur覺得這裡是理想場所，便在海岸旁的小山丘上建造起農場，然後把自由還給兩名奴隸，同時給他們土地建造農場，對於之後陸續抵達的親戚，他也一概給予土地，自此開始有人定居，冰島再也不是無人島了。

金融危機時，冰島政府仍堅持興建的Harpa
音樂廳，象徵著冰島不向現實低頭的韌性

冰島人在房子旁都會再蓋個小草屋供精靈棲息用

傳說中的冰島國名由來

　　大家總好奇：為什麼綠草如茵的冰島會是「Ice-land」、而冰天雪地的格陵蘭反而叫「Green-land」呢？有這麼一個說法，當第一批登陸冰島的維京海盜，發現冰島有肥沃的土地與地熱，附近海域漁獲豐富，為了避免被他人覬覦，因此刻意取名為「冰的大地」以掩人耳目；又為了進一步混淆他人，而將一片冰封大地的格陵蘭命名為「綠色大地」。

　　其實位於極圈邊緣的冰島由於有墨西哥灣暖流流經、再加上活躍的火山活動，讓全國在冬天頂多零下幾度而已，並不會達到零下十幾度那樣寒冷；反倒是大部分面積都位於極圈內的格陵蘭終年被冰雪覆蓋。

維京傳說：破產又復甦的神力

　　冰島經濟在2008年之前一片欣欣向榮，不過當時銀行的負債已經超過全國GDP的十倍，在金融風暴來襲時宣告破產，股市崩盤、幣值大跌、通膨嚴重，財政狀況非常糟糕，危急之中，北歐國家及IMF（國際貨幣基金組織）總計提供了42億美金的緊急紓困金給冰島，這才緩解燃眉之急。在金融危機之後，冰島人力圖振作，以史上最快的速度重建經濟，不到四年就償還了21億美金，關鍵就在於金融與觀光政策奏效。

冰島當局讓私人銀行倒閉，將犯案的金融高層通通關進監牢，同時限制國內資金外流，並拒絕接受撙節政策，最後成功穩住市場信心，經濟開始逆向成長。冰島人也在觀光方面展現文學之國的實力，開始包裝冰島傳說和壯麗的自然景觀，運用社群媒體吸引全球遊客目光，成果在2012年開始展現，當年度觀光人口足足是冰島總人口的兩倍，種種政策讓冰島經濟迅速復甦，也在金融風暴後成為各國借鏡的典範。

冰島，精靈國度

精靈傳說與冰島的文化發展、地貌景色息息相關，傳說中小精靈都會住在岩石洞穴，共有13個種族，外表和人類相似，有一對大耳朵和瘦長的腿，還會放法術，如果人類侵犯到他們，就會遭受到小精靈的阻撓，而在冰島，有60%的人相信這樣的傳說，甚至當地人在住家旁邊還會蓋個小草屋讓精靈居住。不過以下事件似乎證明了精靈傳說並非空穴來風。

乾淨的空氣、水和天空

其中一個有名的事件發生在位於首都南部的Kópavogur地區，原本在1930年計劃要鋪設道路，其中一條路要穿越精靈山丘（Álfhóll），怎知工程預算就出現問題，計畫被迫暫時中止，直到10年後才復工。復工當時，機器又突然故障，工具也不翼而飛，最後工程單位把道路改成繞過精靈山丘，工程才順利進行。後來這條路就被命名為精靈山丘之路（Álfhólsvegur）。40年後這條路要升級，但是重新鋪設的過程會破壞到部分的精靈山丘，結果工事中又損壞了2支鑽頭，工人們不願意再繼續施工。如今，精靈山丘已被當地列入文化遺產，確保不再受傷害。

而在2007年冰島面臨破產危機，當地人將觀光話題帶入小精靈的故事，包括規畫精靈學校和主題景點，藉此吸引旅遊人潮，此舉成功奏效。但比起旅遊賣點，小精靈在冰島人的心目中更像是大自然的化身，時刻提醒著善待自然、尊重自然，讓冰島成為工業化和全球化之外的地球淨土。

雷克雅維克機場

Keflavik國際機場

Chapter 2

購買機票&入境與退稅流程

process of Buying ticket,
immigration and tax refunds

從台灣前往冰島,中間會需要到歐洲國家轉機,若仔細比價及好好規劃的話,除了可
買到超值機票,甚至還可以順道多玩一個國家!而冰島入境及退稅流程其實都不繁
複,只要幾個步驟就能順利完成。

安排航程

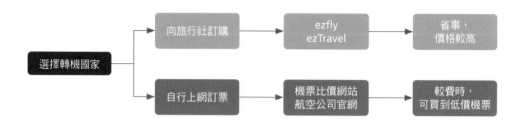

選擇轉機國家

　　在決定購票之前，必須知道台灣沒有直飛冰島的航班，所以如果要從台灣出發到冰島就必須轉機至少一次以上。較常見的航線都是由台灣先飛到歐洲，再從歐陸大城轉機到冰島。因此若是假期較長的朋友，也可安排轉機到了歐陸國家後先玩個幾天再飛冰島。以下我會分成台灣飛歐陸、歐陸轉冰島兩個部分介紹。

從台灣飛歐陸國家

　　既然台灣沒有直飛冰島的班機，在歐陸轉機就成了必須選項。你可以先選擇直飛歐陸、或中間轉機一次再到歐陸國家的班機。台灣直飛歐陸的航點有英國倫敦、法國巴黎、德國法蘭克福、荷蘭阿姆斯特丹。直飛通常票價較貴但耗時較短，飛行時間約在12至14小時之間；需轉機的航線則飛行時間較久但票價便宜，飛行時間約為14至19小時不等。考量票價和飛行時間後，一般來說還是以倫敦、阿姆斯特丹為最常見的轉機地點。

　　疫情過後，因航班變動，現在台灣人也會選擇先飛到香港，再從香港轉機到北歐國家，再買前往冰島的票，也不失為一個選項。

轉機兩次的選擇

有些人為了預算考量及行程規劃，也會選擇需轉機兩次的機票。若從台灣台北出發的話，第一站有中國上海、泰國曼谷、香港等亞洲國家可選，再從這些地方飛往歐洲。

在倫敦轉機的小叮嚀

倫敦有四座機場：希斯洛（LHR）、蓋特威（LGW）、史坦斯特（STN）和盧頓（LTN），這四座機場分別在不同地方，中間的接駁起碼耗時1小時左右，因此在購買倫敦轉冰島機票時，請務必分清楚廉價航空起降的機場；若要從A機場轉換機場由B機場飛到冰島的話，如果包含通關、領取行李及接駁於兩機場之間的時間，起碼要留3小時以上做為緩衝才足夠。

從歐陸國家飛冰島

冰島國內有五個大機場和三座較小型的地區型機場，其中僅凱夫拉維克國際機場（KEF）有提供冰島對外的國際線航班，其餘的七座機場都只提供往來凱夫拉維克的國內航線，因此這座國際機場可說是所有外國旅客們前往冰島的主要對外門戶。

在阿庫瑞里的國際航線

2022年新成立的冰島航空Niceair，是冰島北部的第一間國際航空公司，目前提供從阿庫瑞里往返丹麥哥本哈根、英國倫敦以及西班牙特內里費島的航班。

轉機到冰島的航空公司選擇

前往冰島的航空公司有冰島航空Icelandair、易捷Esayjet、北歐航空Scandinavian Airlines、漢莎航空Lufthansa、阿聯酋航空Emirates Airline以及英國航空British Airways等航班可選擇。可視中途轉機國家位於何處，再搭配以上航空公司的班次前往冰島。其中易捷Easyjet為廉價航空，也是倫敦飛冰島的首選，常有促銷票。

航空公司	隨身行李	加購託運行李	優點	缺點
Iceland Air	件數：限一件／人 尺寸：長寬高不得超過55×40×20cm	限重：23kg	傳統航空，故託運行李及刷卡均不需加價 倫敦起降機場為LHR，若搭乘國際線至倫敦轉機冰島，可省去轉換機場時間	機票價格貴
Easyjet	件數：限一件／人 尺寸：長寬高不得超過56×45×25cm	限重：20kg	價格最便宜且航班頻次多	倫敦起降機場為LTN，需轉換機場

購買機票的方式

　　約略了解了前往冰島的各種方式之後，接下來就可以開始訂票啦！要飛往冰島，就會產生兩張機票：台灣飛歐陸的『國際線機票』以及歐陸飛冰島的『歐洲短程機票』。購買這兩段機票可透過以下方法：一、向旅行社一次購買兩段機票；二、使用購票網站分開購買兩段機票。前者的優點是旅行社會將機票相關事務處理好，一次買到兩段航線的機票，可節省不少時間；後者的好處是自行分開訂購，旅遊的時間上較具有彈性，且分開購票的價格通常會比旅行社便宜，端看各自的需求和偏好。

向旅行社購票

　　只需在國際機票訂票網頁上輸入目的地，一個動作就可以直接買好「台灣-歐陸／歐陸-冰島」這兩段的機票。目前有提供冰島機票的旅行社只有易遊網（eztravel）、可樂旅遊和易飛網（ezfly）。

自行上網訂票

　　疫情過後，國際航班的班次與頻率都不比以往固定，因此購買機票時就會更留意班機更改或取消的可能性。而若想買到經濟實惠的機票價格，比價訣竅也與疫情之前稍有不同。

　　以往大家想購買便宜機票，都會在第三方的機票比價網站搜尋訂購。但由於有的國際機票比價網站已被證實會隨著搜尋次數高低不同，而導致同一航班的票價也隨之波動。因此最建議的購買機票流程，可以先在比價網站上找到符

其他國際機票比價平台

Expedia	https://www.expedia.com.tw/
lastminute.com	http://www.lastminute.com/
Skyscanner	https://www.skyscanner.com.tw/
Booking.com	https://www.booking.com/index.zh-tw.html
wego	https://www.wego.tw/
momondo	https://www.momondo.tw/

若要在第三方比價平台上訂購機票，可能會遇到無法加購行李的狀況，因此建議最好還是上各家航空公司網站上購票最保險。

Tips

機票的價格會隨著搜尋次數與去回日期而有波動，也許可能同段航程但日期只差個幾天、票價就差了數千元！因此若想買到便宜划算的機票，就要勤勞一點時不時上網多刷多比價。

合預算及行程規劃的班次，再到航空公司官網上訂票。

　　直接在航空公司官網訂票，會比第三方網站來得有保障許多，萬一有變數更改或取消，直接能聯繫到航空公司比較重要。

線上購票的注意事項

確認行李是否可直掛？

　　搜尋各種機票組合之後，在下手之前請務必確認行李能不能直掛到冰島？所謂直掛就是行李直接送達目的地，不論你人轉機幾次都可以到目的地再領，可以免去轉機領行李的流程；若行李無法直掛，代表在轉機的時候必須把行李先領出來，再到下一段航班的航空公司櫃台託運行李，如此一來轉機所需預留的時間就必須較長，以免拿行李、掛行李的時間延誤下段航空的登機。一般來說，不一定只有同一間航空公司的飛機才能直掛行李，若不同航空公司之間有簽訂行李轉運協定，也是可以在台灣check in櫃檯時，請地勤人員協助將行李直掛到目的地冰島，免去中途需要取出行李的不便，因此在購買機票前最好先致電詢問購票旅行社或航空公司，才能決定轉機時間要預留多少空檔。

　　最簡單的判別方法，是一次在第三方網站上把整趟機票都買好，多航段行程開在同張機票上，則行李通常可以直掛；若是自行分開在不同航空公司買的分段機票，有很大的機率會遇到行李無法直掛到終點的狀況，就要取回行李後再到下一家航空公司的櫃檯去重新寄掛行李。

是否可取得整段登機證？

　　無論是向旅行社購買或是自行分段購票，都請留意飛往歐洲的航空公司與歐洲飛冰島的航空公司是否為同一航空聯盟或有合作關係？若有，則在台灣的機場櫃檯就可直接將飛到冰島前的所有登機證開給你（前提是所有航班的起飛時間都在第一

分享機票優惠的粉絲頁

下列這些粉絲頁也經常為讀者們整理來自各家航空公司的優惠機票資訊，有時候從這裡經常可以獲得很不錯的優惠機票資訊：

● 台灣廉價航空福利社
● 廉價機票福利社

允許分段票直掛的航空公司	不允許分段票直掛的航空公司
長榮航空 全日本空輸 日本航空 新加坡航空 大韓航空 韓亞航空 後段機票航空 自家航班 星空聯盟 寰宇一家 天合聯盟	英國航空 澳洲航空 西班牙航空 美國航空

資料來源：https://blog.tripplus.cc/zh/。此表僅供參考，實際狀況請以現場地勤為準。

班飛機起飛時間後的24小時之內）；若無，則必須在轉機機場時再到航空公司櫃檯報到取得登機證。

務必加計轉機時間

如果行李無法直掛，就必須出關→取行李→重新掛行李，因此請保留3小時以上的轉機時間，以免趕不上下一班飛機。

飛行時間切勿過長

過長的飛行時間會讓你在旅程一開始就精力耗盡哨！即使飛行時間長的機票會比較便宜，但在挑選航班的時候盡量以20小時左右為上限（含轉機），若是超過30小時以上的航班，光是來回飛機時間就耗掉兩、三天，且長時間待在飛機上也容易造成身體上的負擔，因此選擇機票時請務必謹慎考量。若是旅遊天數較長的人，建議可以在轉機地點稍作停留遊玩幾天，一來不僅可免去重新掛行李的困擾，也可免去從台灣飛到冰島一連就是將近20小時的耗體力飛行，還能增加旅程的多樣性。

廉價航空行李規定

傳統航空公司通常會給23～30公斤左右的免費託運行李額度，不過若從歐陸飛往冰島時是乘坐廉價航空的話，就必須另外加價購買行李託運了。至於行李的價格及規格限制，則依照各航空公司略有不同。

加購行李託運的小訣竅

在訂機票時直接線上購買行李，價格會比臨櫃購買便宜許多！所以建議大家可以檢視一下過去出國旅遊時的行李重量大概多重，不要存著僥倖心態低估了行李額度，以免到了現場才發現行李重量遠超過當時購買的重量，必須用較貴的價錢加購行李重量，反而得不償失呢！

如果大家對於自己行李需要購買幾公斤沒概念的話，這裡提供我們過去的旅行經驗給大家參考：行李的重量會取決於季節和去回程，通常冬天的行李重量較重，夏天衣物較輕薄所以行李較輕；去程行李較輕，回程因為有購物所以行李較重。以去程來說，夏季時的行李重量大概是13～15公斤，冬季則大約是18～20公斤；以回程來說，夏季時含購物的行李重量大概是22～23公斤，冬季則大約是23～25公斤。

認識廉價航空

廉價航空又稱為「低成本航空公司」（英文為Low Cost Carrier，縮寫為LCC），這些廉航的機票往往比傳統航空公司便宜許多，也因此被不少人冠上「不安全」、「沒保證」等錯誤的形象。實際上，廉價航空在歐美是非常常見的交通工具，幾乎在美國境內和歐洲內陸都是靠著各大廉價航空在經營短程航線業務。這幾年亞洲區也漸漸發展出亞洲線的廉價航空，未來以低價格經營區域型航線的趨勢將會越來越明顯，所以了解廉價航空將會是自助旅行最重要的一步。

廉價航空與傳統航空的不同之處

有些人對於廉航如何壓低票價容易產生諸多疑慮，其實這些低成本航空公司主要是透過以下幾點來壓低價格：

機上服務降至最低

不同於傳統航空有飛機餐，廉價航空並沒有提供免費的餐飲，但如果有需要，可以另外向機組人員購買機上餐；另外，廉航飛機上幾乎沒有甚麼視聽娛樂設施，只有最基本的雜誌和報紙，機上的空間也透過減少公共活動區域來增加座位數量，以壓低成本。

壓低公共設施成本

國際大型的機場因為配備有昂貴的設施和偌大的使用空間，因此稅務和停靠費用通常較高，而廉價航空為了節省機場停靠費和使用費，通常會選擇城市周邊的小型機場或租用專門的廉價航空航廈，以降低停機成本。另外，廉航通常也會盡量避免使用機場內費用較高的設施，例如登機橋即是旅客在登機時較為昂貴的登機方式，因此航價航空通常會選擇使用機場內的接駁巴士將旅客運送到飛機下方，再利用便宜的小型登機梯完成登機。

使用單一型號機隊

傳統航空經營的航線通常遍及長程與短程航線，因此會購買各種不同的機型以滿足不同航線的載客需求；而廉價航空則主要經營區域型的短程航線，因此傾向購買單一型號的飛機，如此一來，大量採購不僅可以壓低購機的價格，後續的保養維

修以及訓練機組人員的相關開銷都可因此降低許多，對於機組人員採用統一規格化的培訓，更有利於人員調度。

降低票務相關成本

為了降低使用機場櫃檯及增加人力成本的費用，廉價航空通常只有經濟艙一種客艙等級，多數票種也沒有退款及改簽服務，如此便可大幅減少處理票務的成本。另外，廉航大多使用「電子機票」－旅客在網路上完成訂票後，只須備妥『護照』及『訂位號碼』即可前往登機櫃檯報到，因此廉價航空的機場通常只有一、兩個櫃台提供check-in服務，有些機場甚至連掛送行李都是使用全自動的機器，如此一來便可大大降低使用櫃檯的數量及相關人力成本的費用。

對廉航的常見誤解

● **安全性低**
廉價航空與傳統航空的飛安作業標準完全相同，在飛安檢查作業這一塊的費用反倒是廉航最主要的支出項目，顯見廉航對於飛航的重視程度及投入成本與傳統航空並無任何差別，並非大家想像的「以安全換取低價」。

● **經常誤點**
很多旅客總會有「廉航比較容易誤點」這樣的錯誤迷思，實際上從民航局的資料顯示，傳統航空與廉價航空的準點率其實是在伯仲之間的！

● **票價浮動**
廉價航空的訂票系統是造成價格浮動的原因，票價取決於該航線的供需，需求高的話票價就貴，需求低的話票價就便宜。廉價航空的訂票系統是採取封閉式系統，在查機位的同時，系統會先將機位鎖住，所以若該航線查詢人數多，便宜的艙等或特價的額度被先佔走，之後查詢的機票價格就只剩下高價的座位了。

降低廣告預算

為了成本考量，廉航會選擇降低廣告預算，以經濟實惠的票價來吸引顧客。

搭乘廉航注意事項

看清楚起降機場

在這裡一定要鄭重提醒大家，在購買歐洲線廉價航空機票的時候一定要特別留意起降的機場。一般來說，歐洲的主要大城市都會有不只一個以上的機場，而廉價航空為了節省成本的關係，起降機場通常都不會是大家所熟知的國際機場，所以請大家在搜尋機票資訊時，一定要注意航班資訊中的「機場代碼」，即使是同一個城市，只要是不同的機場都會擁有各自的三個英文字母作為其代碼，如果不確定代碼是哪個機場的話，可以對照全球機場代碼表唷！

 Tips 全球機場代碼表：http://www.ting.com.tw/agent/air-code.htm

注意行李規定及費用

在比較了機票的票價之後，還要提醒各位特別注意行李的限重和大小規定。廉價航空的機票價格雖然會比較便宜，但對於託運行李的規定就比較嚴格，每件託運行李都必須另外花錢加購，隨身行李則是可以有一件的免費額度；再者，各家航空公司對於託運行李及隨身行李的限重、長寬高的規定各有所異，這一點千萬要注意！而傳統航空公司的機票價格會比較貴一點，但託運行李通常是不需要再另外支付費用的，所以在比較機票價格的時候，記得也要把託運行李的費用一併列入比較。

提前預先辦理登機

如同上述所言，廉價航空為降低成本，會降低機場櫃檯的數量，因此若你沒有預先辦理好登機手續而要等到了機場才現場check-in的話，很可能要花費大量時間排隊辦理登機手續，因此建議各位在登機前先上網預先辦理好登機手續並印出登機證（可向民宿或旅館借用印表機，部分廉航也提供電子登機證），到了現場只需要將辦理行李寄託運服務即可，可省下大量時間唷！

看到便宜就下手

前面有提到過，廉價航空的票價是浮動的，只要需求比較大的航點或時間價格就會比較貴，所以有時候比較熱門一點的航線如果下手買機票的動作慢一點，價格甚至會越查越貴哩！因此依照我們的經驗，買機票就像買股票一樣，『不求買在最低點，只求買在可接受的價位』－只要看到降價了或是票價落在可以接受的範圍內，就下手吧！

總結來說，只要了解自己的權益和廉航的遊戲規則，其實搭乘廉價航空也不失為是個既方便快速又低價安全的交通方式唷！

當地上網與通訊

冰島電信商（在當地購買）

　　冰島有四家主要通信商：Siminn、Nova、Tal和Vodafone，這些通信商提供的網路服務皆覆及冰島大部分區域。其中Siminn是冰島最悠久、也是目前用戶最多的國家電信公司。為防遇到突發狀況需要聯絡飯店或搜救服務的話，最好還是選擇通話與上網兼具的卡型比較保險。

　　想要買預付卡有兩個地方可取得，一個是前往冰島的飛機上，向空姐詢問即可；另一個是機場，在出關之後右手邊的便利商店也有販售，向店員詢問購買即可。

跨國電信商（在台灣先買好）

　　為了因應現代人跨國旅遊的需求，現在歐洲各大電信商也推出跨國網卡，只需要同一張SIM卡皆能在歐洲各國使用，並依據流量與跨國數量來推出不同方案供旅客選擇。由英國電信商giffgaff、EE以及法國電信商Orange推出的網卡是最多網友推薦使用的產品。一個人出國若是有使用google地圖、line訊息、上傳FB圖片、收發Email等正常使用狀況下，一天以1GB為計算單位，是算很足夠的了。如果會大量觀看影片、或者每天進行視訊直播，則需要兩至三倍的流量。可以視個人需求選擇最適合划算的網卡方案。事先在台灣買好，到了當地即可開啟使用。

入境冰島

　　冰島的出入境就跟一般歐盟國家一樣，不需要填寫任何的入境表單，只要拿著護照到海關排隊檢查，就可以順利過關囉！

若在行前想確認一下冰島的疫情規定，請上冰島相關官方網站，查詢入出境等規定。可以參考這個網站「https://www.covid.is/english」，裡頭都有最新的相關消息可以參考。

在冰島購物也可辦理退稅

　　在冰島購物，只要在同一天內，到可以退稅的同一家商店內購物滿一定額度（實際金額每年可能稍有不同，以2022年為例是滿6000冰島克朗，請出發前再確認一次），就可以跟店員拿退稅單，離境前再到機場的退稅櫃檯申請退稅，可以退的金額比例大約是15%左右（手續費另計）。冰島的退稅系統是環球藍聯Global Blue系統所營運，退稅流程簡單且方便。且由於冰島遊客比其他歐洲國家少的關係，所有退稅手續含排隊大約只需30分鐘內就可完成，遊客可以在此大享購物樂趣。自2023年起，已無現金退稅的選項。

Global Blue

TAX FREE

購物時

| 詢問店員確認購物是否可退稅 | → | 結帳時告知櫃台需退稅，店員會將發票釘在退稅單上（勿拆開） | → | 填寫退稅單上的購買人基本資料 |

退稅規定

- **消費稅 (VAT)**：通常是24%，食物與書籍11%
- **退稅對象**：非冰島居民
- **可退稅物品**：購買一般商品幾乎都可以退稅，但是明信片、郵票這些除外。而服務類消費如旅行團、餐飲、酒店等也都不可退稅。
- **退稅比例**：不含手續費約為15%
- **退稅手續費**：信用卡手續費約1-3%
- **最低消費**：ISK6,000，限同一天內在同一間商店消費

退稅所需出示資料

- 退稅單
- 商店發票或收據
- 護照
- 購買的商品（商品不得拆封使用）
- 拿到退稅單之後，記得把上面的完整資訊都拍下來以作留存
- 建議大家在託運行李前先辦理退稅，以防退稅官要求查看購買的物品。

若你登機的時間點不巧遇到退稅櫃台的休息時間，櫃檯左側設有退稅信箱，可再將填寫好的退稅信封投遞到郵筒裡。

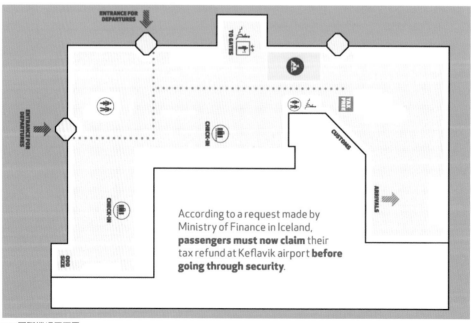

KEF國際機場平面圖

機場退稅流程

到機場登機前

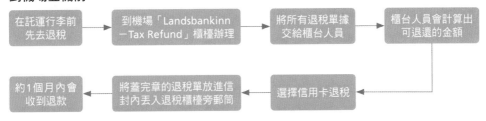

在託運行李前先去退稅 → 到機場「Landsbankinn－Tax Refund」櫃檯辦理 → 將所有退稅單據交給櫃台人員 → 櫃台人員會計算出可退還的金額

約1個月內會收到退款 ← 將蓋完章的退稅單放進信封內丟入退稅櫃檯旁郵筒 ← 選擇信用卡退稅

退稅注意事項

- 如果你在登機前沒有足夠時間辦理退稅，也不用擔心。可以在回國後把填好的退稅單用店員提供給你的信封寄回退稅公司總部。具體的流程及注意事項可以查詢這個網頁：http://www.globalblue.com/destinations/

- 如果在三個月後仍沒收到退稅款，可以透過線上追蹤退稅的服務網站查詢，只需輸入退稅單序號等基本資料即可查詢：https://premiertaxfree.com/track-my-refund

退稅單與信封填寫格式

- 退稅單上需要填寫姓名（以大寫英文字母照填護照上的英文拼音姓名即可）、護照號碼、永久居住地址、信用卡號碼、簽名等。

- 若需要另外寄出退稅單，信封上的收件資料填寫如下：

收件者 Global Blue Slovakia
地址 P.O.BOX 363, 810 00 Bratislava, Slovakia

冰島趣聞：電影片廠

冰島馬路為何不會結冰？

冬天的冰島四處是厚厚的積雪，但為何道路或停車場沒有雪呢？原來是因為冰島在鋪路時，預先將熱水管埋在道路下，接著善用地熱，通過地熱水與家庭廢水混合將地面加溫，這樣一來即使是寒冬，路面也不會有積雪了。

那些年在冰島拍的電影

說起在冰島拍的電影，大概會先想到《白日夢冒險王》，片中主角一改保守性格，踏上冰島、格陵蘭、尼泊爾和喜馬拉雅山，喚起每個人心中不甘平凡的靈魂，但全片的拍攝其實都沒離開過冰島，只是將壯闊的風景包裝成其它國家。不單是壯闊，冰島風景看起來也像是末日世界或地球起源之時，有些地方更像是外星球，因此最常來此拍攝的是科幻或冒險類型的題材，其中不乏許多知名電影，比較早期像是007系列的《雷霆殺機》和《誰與爭鋒》、《超時空戰警》、《古墓奇兵》、《蝙蝠俠：開戰時刻》、《地心冒險》，一直到近期的《普羅米修斯》、《遺落戰境》、《雷神索爾2》、《星際效應》、《變形金剛4&5》、《星際大戰：原力覺醒》、《玩命關頭8》等，全都曾在冰島取景。

除了多樣化的風景，國外片商只要到冰島拍電影，冰島電影協會還會給予支援，不但提供優秀的在地幕後團隊供選擇，還會提供補助和退稅優惠，協助片商省下不少時間和金錢，有如此多的誘因，也不難說明為何冰島能在國際電影工業中漸漸取得知名度。

那些在冰島拍的電影
by 極樂冰島

大	大地之子	新	新地島
霆	007：雷霆殺機	永	永生樹
超	超時空戰警	普	普羅米修斯
曙	曙光再現	遺	遺落戰境
古	古墓奇兵	闇	闇黑無界：星際爭霸戰
愛	真愛	白	白日夢冒險王
鋒	007：誰與爭鋒	雷	雷神索爾2：黑暗世界
貝	貝伍夫：勇士傳奇	冰	冰島嬉遊記
蝙	蝙蝠俠：開戰時刻	挪	挪亞方舟
硫	硫磺島的英雄們	奇	冰血奇緣
信	來自硫磺島的信	鈦	鈦
塵	星塵傳奇	星	星際效應
恐	恐怖旅社2	變	變形金剛4：絕跡重生
地	地心冒險	原	星際大戰：原力覺醒
浮	浮士德：魔鬼的誘惑	朱	朱比特崛起

- 《玩命關頭8》拍攝地：阿克拉內斯 Akranes
- 《歐洲歌唱大賽：火焰傳說》拍攝地：胡薩維克 Húsavík

《極樂冰島》整理

Chapter 3

當地交通

The local transport
in Iceland

冰島面積是台灣的三倍大，但因為島上地形的關係，所以國內並沒有鐵路聯絡城鎮之間的交通，若要想在國內移動，除了自駕之外，還有長途巴士及國內線的飛機可供選擇。

遊冰島的交通方式

冰島沒有火車、沒有捷運、沒有高架高速公路，主要都以平面公路為主，因此觀光客在冰島最常選擇自駕，再來才是巴士或飛機，當然還有其他方式，只是相對少見。

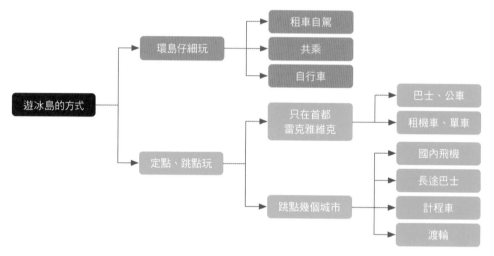

想環島仔細玩

- **租車**：想環島或去在地景點，租車自駕是自由度最高的方式。
- **汽車共乘**：適合想省錢的旅人，但請注意安全風險、和沒車搭的可能。
- **長途巴士**：有主要經營雷克雅維克及附近一些知名景點間往返的區域；也有以南部首都與北部阿庫瑞里兩大城市為中心、路線遍及全島的路線。
- **自行車**：一個感受冰島的夢幻交通方式，不過建議事先考慮風大、沙塵、突然下雪下雨等天氣狀況，另外也要具備單車的基本維修能力，否則離開城鎮後是沒有修車店的。

定點、跳點玩

- **飛機**：適合想省長途交通時間或想再遊週遭外島等預算充足的人。
- **巴士**：適合想環島或只想去熱門地點的人，不過時間上會受限於班次。
- **渡輪**：一般只往返海灣兩岸，適合不想繞著海岸開車、想切中路又想體驗新奇的旅人。

租車自駕

視需求選擇車型功能

　　冰島的交通規畫可說是完全顛覆一般自助旅行的模式，因為冰島地廣人稀的關係，所以除了夏季7、8月份有比較頻繁的巴士班次可以到各大景點之外，幾乎其他月份巴士都是頻率很少甚至不發車的！也因此租車就成了最方便、最省時又可以到達最多地方的移動方式。

　　基本上這個冰與火的國度面積是台灣的將近3倍大，人口卻只有區區30萬人，所以可以想見島上的大眾運輸很不興盛，除了最大條的環島1號公路之外，其他路段都像台灣俗稱的產業道路，甚至很多道路必須涉水、或在下雪時期封路的！所以租車時除了一般的轎車可以選擇之外，最常見的還有4X4的四輪傳動車、吉普車，近來也很多背包客選擇露營車作為移動工具唷！

車種	轎車	4WD四輪傳動	吉普車	露營車
需求	● 省錢 ● 只開一號公路沿線	● 會離開柏油路面 ● 路線常遇到雪地／在冬季前往旅遊	● 大量未鋪柏油的路面 ● 路線中有渡河需求	● 省錢 ● 天數較多 ● 行程規劃常在野地或較自由
功能	● 高速時較為舒適 ● 碎石路段降低車速仍可通行	● 可輕微越野 ● 在雪地時不易打滑 ● 可應付極為顛簸的路面	● 淺灘、渡溪或較深的積雪路段可順利跨越 ● 可應付極為顛簸的路面	● 可睡在車上增加旅程彈性
缺點	● 碎石路段開太快易打滑 ● 底盤較低不適合過度顛簸的路段	● 較耗油 ● 租金較貴	● 較耗油 ● 通常只能坐兩人 ● 行李空間較小	● 沒有越野能力 ● 停車較不方便

選車小撇步1　用行程決定車型

　　在決定要挑選哪種交通工具前，建議各位先想好自己要去的地方：是想去冰島最主要的幾個大景點？還是想深入一些景色絕美但比較少人去的地方探險？這會決定租車的種類！！只想去幾個在一號公路邊的主要景點，租一般的轎車就可以了；

如果想去山裡或是峽灣等路況較差的山路區，則是建議一定要租一台四輪傳動的車子，以免車子卡在雪裡、泥巴裡或是河裡。

選車小撇步2 考量遊玩人數

遊玩人數也是決定車款的主要考量，有三至四人一起出遊分擔車費是最划算的，但是必須考量到人數增加行李也增加，所以決定車型時一定要計算到置放行李的空間，才不會出現行李塞不進車的窘境。

選車小撇步3 柴油車還是汽油車？

柴油車在租賃時的價格雖然會比較貴一點，但柴油車有兩大優點：一、油耗低，柴油車每公升平均可以多跑5～10公里；二、柴油每公升單價較便宜，所以如果開的距離比較遠的話，柴油車可以省下不少錢唷！

租車比價平台

隨著冰島自駕租車越來越普遍，旅客在出發前就可以上網搞定租車手續。這一兩年開始有租車網站平台，只要在這個平台上輸入租車日期、取還車地點或預算等條件，網站就會幫你羅列出所有冰島租車公司符合標準的車款和價錢了！現在的冰島租車公司網站與比價平台皆有中文介面，不必擔心預定手續操作困難。

Guide to Iceland

這個網站集結了所有租車公司提供的車子和價格，還提供了中文的客服，有任何租車

相關的問題都可以在上面詢問，可以省下不少時間。

 http://guidetoiceland.is/

Rentalcars

這個網站一樣是個集結各租車公司報價的比價平台、裡面涵蓋了SIXT、ALAMO、Europcar國際知名的大型租車公司，雖然說上面所列出的價格不會是最便宜的，不過對於某些想租特定車款、或是只敢向大型國際租車公司租車的遊客來說，也還算是個不錯的選擇。

其他租車公司

- Atak：保全險的風評佳
- Budget：國際租車平台之一
- Reykjavik Cars：冰島在地租車公司

 https://www.rentalcars.com/zh/

租車公司網站

每一家租車公司所持有的車款都不太相同，可依自行開車喜好去選擇適合的租車公司。若有在租車時一併買好全險，通常還車時的流程都滿快速，不會太為難旅客。以下提供幾家網友較推薦的租車公司：

公司名稱	優缺點	資訊
Blue Car Rental	車型款式選擇最多 ● 可免費取消 ● 費用包含碰撞險、超級碰撞險、碰撞險 ● 無限里程　● 提供冬季防滑車胎	● 網站：https://www.bluecarrental.is/cn/ ● 地址：Blikavellir 3 | 235 Keflavíkur flugvöllur, Iceland ● 電話：+354 773 7070 ● 營業時間：00:00～24:00 ● E-mail：blue@bluecarrental.is
Lotus	是網友最推薦的租車網站，其中『PLATINUM白金險』方案保障最齊全、CP值最高 ● 可免費取消　● 提供往返機場的免費服務 ● 含基本保險　● 不限里程 ● 燃油折扣　● 24小時道路救援 ● 提供冬季防滑車胎	● 網站：https://www.lotuscarrental.is/zh ● 地址：Flugvellir 6, 230 Keflavik Iceland ● 電話：+354 787 4444 ● 營業時間：00:00～24:00 ● Email: lotus@lotuscarrental.is

備註：在冰島租小轎車需要年滿20歲，租四輪驅動或者小巴士則需要年滿23歲。

第三方租車比價平台

公司名稱	特色	資訊
Rentalcars	在Rentalcars上租車都會提供基本保險，網友最推「Full Protection」這個保險方案。	網站：https://www.rentalcars.com/zh/
租租車	中國大陸的租車平台（可切換為繁體中文） ● 提供24小時在線中文客服 ● 微信取車還車即時通知 ● 租租車APP內建中文出險理賠申請功能	網站：https://w.zuzuche.com/

備註：可留意保險的自負額是多少，視情況再自行到第三方保險平台Rentalcover買高於自負額的保額，以獲得更完整的保障。

保險的類型與價格

在冰島駕車自助遊常會遇到許多突發的狀況：路邊羊咩咩突然衝出來擋路、積雪太多車子打滑、路上風沙太大隨時打破玻璃…等等案件層出不窮，所以在租車時建議最好保全險。提前了解租車保險的種類，並詳閱租車條款上的保險內容，就變成自駕遊冰島最重要的課題之一囉！介紹保險之前，我們先來認識一下租用汽車保險主要有哪些：

保險種類	要保內容	該保程度
碰撞損害豁免CDW（COLLISION DAMAGE WAIVER）	因事故而造成汽車損壞時，低於自負額（Deductible）的損失需自付,高於自負額的損失則由保險公司負擔；自負額額度依照保險條款各異，通常額度越低或車體越新，保費越貴。且通常不保輪胎、窗戶、擋風玻璃、後視鏡及車內的內裝等項目。	★★★★★ 原因：至少該要有的基本保障都具備
強化碰撞損害豁免SCDW（SUPER COLLISION DAMAGE WAIVER）	通常是將CDW的豁免自負額降到最低，也就是無論車體的損失多少都由保險公司負擔。一般來說SCDW的保額約是CDW的兩倍左右。	★★★ 原因：視個人駕車技術與風險程度決定
竊盜險TP（THEFT PROTECTION）	汽車遭竊時，相關費用的免除	★ 原因：冰島沒甚麼偷車賊
人身意外傷害險PAI（Personal Accident Insurance）	提供車輛發生事故時，導致人身受傷或死亡的保險	★★★ 原因：視個人駕車技術與風險程度決定
個人財物損失險PEC（Personal Effects Coverage）	個人財物遺失或損壞的保險	★★ 原因：機率比車被偷稍微高那麼一點

因為冰島治安好人口少的關係，所以竊盜險（TP）和個人財物損失險（PEC）在這邊較不盛行，最重要的還是損害險（CDW）了！冰島大多數的租車公司會免費贈送一個基本的CDW免除額，額度最高一般為350,000冰島克朗，意即事故碰撞的損失範圍在350,000冰島克朗以內是由租車人負擔賠償責任，超過此金額才由保險公司負擔。

因應氣候的常見保險

另外，因應冰島特殊的氣候與地理環境，相關業者還發展出了另外較常見的保險：

春秋季必買的沙塵險SAAP

另外，當大家在冰島租車公司取車的時候，通常都會被櫃檯人員特別詢問是否要加保沙塵險SAAP。冰島的沙塵暴一般在春天、秋天出現的機率比較高，夏天則是因為風速比較慢的關係所以出現機率少。沙塵暴的外觀是呈現一片泥土色的雲霧，裡面還覆蓋了大量的砂石和塵土，這些細小的沙塵會把車子的烤漆刮得一蹋糊塗，一次修理費有可能就要高達上萬的冰島克朗，甚至有網友們被收取到超過10萬的維修費唷！

(Tips)

除了直接向租車公司購買保險以外，也可以透過第三方租車保險機構購買。好處是保費較便宜，受保範圍較廣，一般都可以免除自負額。不過當意外發生時，就需要先向租車公司支付賠償，再向保險機構索償，程序上較麻煩。

「Rentalcover」是網友最推薦的第三方保險代理商
https://www.rentalcover.com/zh-hk/car-rental-insurance-iceland

保險種類	要保內容	該保程度
礫石險GP （GRAVEL PROTECTION）	因對方車輛引起的彈石造成的車損，保險範圍涵蓋擋風玻璃，車頭燈和車體外觀。	★★★ 原因：機率不高但仍有可能
沙塵險SAAP （SAND AND ASH PROTECTION）	因為灰與沙塵暴損壞的汽車、車窗、車燈、塑料漆等損害保險。	★★★ 原因：春秋季較需要
全險FULL COVERAGE	簡單來說就是涵蓋了以上所有保險範圍的保險。若想要把車體碰撞以外的事故（例如：在雪地裡駕駛結果自己打滑衝出去）都納入承保範圍的話，那就要跟租車公司加保。	★★★★★ 原因：建議買全險以獲最完整的保障。買全險比各別購買單一險種便宜

租車保險注意事項

現在冰島的租車公司都有提供保險的服務，建議直接向租車行購買他們的保險，並盡量買到所有保障都包含的全險。若理賠金額稍嫌不足，可再自行到第三方保險公司上加買額外保障。畢竟冰島的修車費用昂貴，且有時因氣候關係，道路狀況較多，因此保險買齊還是相當重要。

預扣款爭議

部分租車公司會在取車時跟租車人預扣一筆15,000冰島克朗的Self-RISK額度，這筆金額是用做自負額以下損失的保證金。亦即當車體發生碰撞事故而產生自負額以下損失（租車人必須承擔損失理賠責任）時，租車公司就會直接從這筆保證金中扣款填補損失。此預扣款在事後若未發生車體損失時，會在退到租車人的帳戶內，但過去常發生退款不足的案例，因此租車前及還車後需格外留意。

注意免除額範圍

每一家租車公司提供的CDW自負額略上限有不同，決定承租車輛時須特別留意承保內容及自負額額度。

保險公司免責條款

即使買了CDW，多數的保險條款中會載明若車子讓未經授權的駕駛人或違反使用規定招致的損失，承租人仍要負擔損失賠償的責任。所以如果一行人出遊，預計有不只一人開車的話，千萬記得要另外加購「第二駕駛人」項目，以免在發生損失事故或被警察臨檢時，被保險公司拒絕理賠或被警察罰款唷！

盡量事前購買保險

通常在現場才加購保險的費用會比線上事先購買的費用貴，所以建議各位在租車前就先決定好想要的保險內容，在線上租車流程的時候一併購買好所有的保險，才不會到了現場才決定加購而被貴一筆唷！

網路訂車流程

在了解各種車型功能和保險內容之後，就可以依照自己的行程規劃在網路上預訂想要的車款及使用日期，接下來出發到冰島後就能取車！

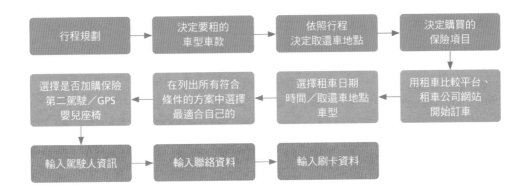

機場取還車

　　許多租車公司在機場大廳都有服務櫃檯，或是公司就在機場旁邊。機場取還車分成兩種：從機場步行就可以抵達的租車公司有AVIS、BUDGET及熱門的Blue Car rental；部分租車公司因為距離機場較遠，所以取車的方式是與租車公司人員約定在機場某處會合後，再由租車公司人員載去附近的停車場取車，這在訂車時都需務必仔細詳讀相關租約內容。

市區取還車

　　如果選擇市區取還車，則可以選擇在租車公司辦公室或在你下榻的飯店取還車。後者是冰島發展出一個比較特殊的服務，若要選在特定地點取車，務必要在租車網站上時就約定好交車的地點，並記得再寄封信做二次確認，確認取還車地點與聯絡窗口。

提前告知班機抵達時間並約定取車時間很重要，不然通常會加收一筆約1,000～1,500冰島克朗的服務費用。

如果租車公司在機場內沒有櫃檯，那就要自行前往。圖為須自行搭接駁巴士前往的租車公司名單。

租車注意事項

不同地點取還車的時間各異

每家租車公司在機場、市區辦公室或特定旅館的取還車時間各有不同，若是在營業時間以外取還車的話，有些租車公司會加收一筆手續費，要特別留意。

注意每個租車方案的油箱政策（Fuel Policy）

油料政策通常分為「用多少加多少（Pick-up Full Return Full或Full to Full）」／「預購油料（Pre-Purchased Fuel或是Full to Empty）」這兩種方案。前者是指取車時有多少油，還車時就要加回多少油，這種方案的租車費用等於不包含油料費用，要用多少自己去加油站加；後者的「預購油料」是指當初的租車費用就包含了一桶油的費用在內，所以還車時可以把油箱裡的油用完，空箱還給租車公司。租車業者為了因應各種租車需求，同一種車款在各家、甚至是同一家租車網站上會推出不同的方案供旅客選擇。通常有含「預購油料」的總價會比「用多少加多少」貴一點，但其實是因為費用裡還包含了一桶油的費用在裡面，所以其實推算起來不見得會比較貴，大家可以視需求訂購。

注意每個租車方案的保險條款

跟油料政策一樣，即使是同一台車款，租車公司也可能搭配不同的保險內容提供各種方案讓租車人選擇。不過不用擔心內容太複雜，因為保險的差異主要會是在CDW的自負額度，像是同一間租車公司可能會提供「A車-CDW」和「A車+SCDW」兩種方案，如果你在訂車前就打定主意要購買零自負額SCDW的話，那麼直接選擇租車公司搭配好的「A車+SCDW」方案會比購買「A車-CDW」再另外加購SCDW便宜。

預扣款優惠方案

有些租車公司為了促銷車款，會推出一些需要預付部分租車款的方案，這種方案的價格通常都比較便宜，不過如果需要更動日期或車款的話則需加收一筆手續費（有些是完全無法更動）。所

訂完車之後，請記得要接著辦理國際駕照與開通信用卡的預借現金密碼，才不會到了冰島之後發現無法自助加油、甚至無法借車的窘境喔。這兩項在Chapter 1都有完整流程教學。

以如果你的行程已經非常確定了，不妨可以考慮此一方案；但若行程尚未確定或仍有變動可能，則建議還是選擇不須預扣款可彈性取消更改的方案。

取車時的車輛檢查

在取車之後，請務必做以下幾點確認：

外觀與內裝

務必仔細檢查車體內外觀狀況，如果有任何刮傷或摩擦痕跡，務必當場提出記錄在單據上，以免還車時有爭議。最好從上部外觀至下方保險桿都巡視過一遍，建議可用相機拍照存證，以免還車時出現爭議。

確認油表

大部分租車公司在交車時都是滿油的狀態，服務人員會給你一張車況狀態表，上面會明確標示出交車時的油表位置，如果你購買的租車方案是「用多少加多少 Pick-Up Full Return Full」的話，還是建議檢查一下租車公司人員標示的油表位置是否正確，以免吃虧或出現爭議。

車子功能詢問

除非租的車子是你非常熟悉的車款，否則建議仔細的纏著租車公司人員詢問各項功能，例如油箱怎麼開（我們真的遇過自己打不開還拜託加油站員工幫忙開的窘境）？四輪傳動的車子怎麼鎖定？除霧除霜功能怎麼開？GPS如何設定？任何你想到的問題都建議當場詢問，取車時間清楚總好過上路後才手忙腳亂。

還車須知

結束了愉快的旅程後,別忘了在還車前也要留意以下幾點,以免事後與租車公司有爭議:

檢查車體外觀狀況

冰島很多路段的路況不是很好,開過之後會讓車子像是滾過爛泥巴一樣,所以某些租車公司會要求在返還時車子不能太髒(extra dirty),至於怎樣叫做「太髒」真的很難認定,所以建議在還車之前先去加油站把車子洗乾淨再還,不然據說有一些租車公司如果看到車子太髒的話,會加收一筆清潔費哩!冰島幾乎所有鄉間的加油站都有免費洗車的水龍頭和刷子,不過從阿庫瑞里到雷克雅維克這一段西北部的加油站幾乎沒有免費洗車的設備,所以可以進到雷克雅維克市區之後再去加油站洗車。

檢查油表並拍照存證

為了避免事後雙方對還車時油表有爭議,建議各位在靠近還車地點附近再加滿油,加滿油之後謹記要把最後這一次加油的發票留著,並且用相機拍下油表的照片存證,這樣事後有疑義的話也比較有證據可以去爭取。

嚴守還車時間

無論是在市區或是機場還車,請務必嚴守約定好的還車時間,租車公司一般來說會給你30分鐘到1小時左右的緩衝時間,不過如果你是約定在市區旅館還車的話,就務必要按約定的時間抵達了,不然租車公司的人員可是會在約定地點傻傻苦等的。

自助加油學問大

冰島的加油站有好幾種不同的石油公司可選,其中N1是冰島最大的連鎖加油站,分布最密集、但同時油價也較貴。其他還有Olis、Orkan、OB等可供選擇。但無論是哪家石油公司,基本上只要離開了大城市,多數加油站都是無人服務自助式的,因此最好先了解自助加油流程,到了現場才不會手忙腳亂唷!

以左邊這台N1加油站的機器舉例,右邊就是插入信用卡的機器,先輸入預借現金密碼之後,再輸入要加的金額。左邊螢幕上的三個數字由上到下分別是:已經加了多少錢／已經加了幾公升／95汽油一公升多少錢

專人結帳

先確認商店內有人（這點最重要）

↓

直接拿起油槍加油

↓

加完需要的油量後，
掛回油槍，並記住油槍號碼

↓

進商店內告知櫃台油槍號碼

↓

現金付款

使用信用卡＆預付卡

先認清加油機與對應的刷卡機

↓

依照要加的汽油或柴油選擇對應的油槍編號

↓

將信用卡或預付卡插入加油機上的卡槽

↓

輸入預借現金密碼PIN碼
（預付卡則不必輸入）

↓

輸入欲加的金額

↓

將油槍插入油箱口開始加油，
達到輸入金額後，
油槍就會自動跳起停止供油

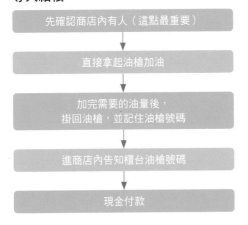
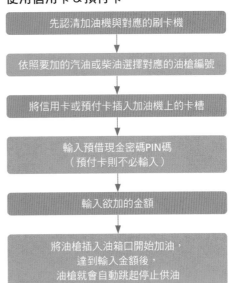

付款方式	操作方式	優點	缺點
專人結帳	依照加完的金額，再進入店內結帳	可現金交易。	只能在有商店的加油站使用。若是過了下午6點商店打烊、或到郊區的無人自助加油站就無法使用。
預付卡	在加油站附設的商店購買「Prepaid Card」，面額有分成2,000、5,000、10,000克朗三種，可在加油機直接插卡加油。	儲值多少就加多少，利於記帳。	若是買了N1的預付卡，就限定只能在N1加油站才能使用。且很多偏僻地區的加油站沒有附設商店，若儲值卡使用完畢便很難再加買。
信用卡	是較推薦的付款方式。只需輸入PIN碼即可開始加油，且各家加油站皆可使用，不會有預付卡只能在特定加油站加油的問題。	在冰島任何一個偏僻的小小商店通通都可以接受刷卡，甚至大部分偏僻的地區也「只能」接受刷卡的付費方式，	會被收取外幣刷卡手續費1.5%～2.0%。

冰島油價

冰島的油價並不便宜,截至2023年中,柴油每公升從308～327冰島克朗不等、汽油每公升從311～322冰島克朗不等。不過各家不同的石油公司定價還是會有一點點的差異,通常Orkan加油站的油價會是最便宜的。另外,在雷克雅維克市區內的油價通常也會比前不著村後不著店的地方便宜。冰島油價可參考:http://www.globalpetrolprices.com/

隨時保持油箱在半桶以上

在離開城鎮之後,加油站可能會好幾十公里、甚至一百多公里才有一間,特別是在冰島的東、西部,加油站更是少見,所以如果是環島旅遊的話,建議隨時保持油箱的油量都足夠半桶以上,以免開到半路才發現沒油。

自助加油常見Q&A

怎麼決定要輸入多少金額?
建議可以依照你要加的桶數(1/2或1/3)去概算出要加多少錢。我們通常一次都加8,000～10,000克朗左右,反正環島1號公路上北、南、西部的加油站很多,所以「一次加一點」的策略很好用。

可以選擇加滿這個選項嗎?
如果想要把油箱加滿,又不知道應該要輸入多少金額的時候,只要輸入一個大到不行的天文數字即可,例如1萬冰島克朗,有些加油站輸入的金額有設上限,就輸入上限的金額即可,等到油箱加滿不能再加的時候,機器就會自動把沒加到的金額退給你了。

冰島路況概述

依數字區分道路等級

　　冰島的道路以數字區分駕駛的難易度,個位數的路最大條也最好開,如環島的一號公路(Ring Road／Route 1／Hringvegur)全段平整寬敞;雙位數的相對比較小條、開始會出現碎石路,三位數的幾乎是沒鋪柏油的泥土石子路,相當考驗開車的技巧。其他F開頭的路段是指未經鋪整的路面,常出現礫石與沙土等狀況,甚至有的需要渡河,因此這些道路會限制只有四輪傳動的車子才能開。F則來自冰島語「Fjalla」,意即「山脈」的意思。

冬夏季的常見狀況

　　環島公路基本上都是柏油路,所以在夏季時路面狀況通常不會太差,如果行程停留在一號公路附近的話,其實開起車來寬敞舒適並不危險。不過必須注意的是,

一號公路　夏季

939號公路　冬季

在東部和北部的部分路段有比較多碎石子，而即使是6月、9月仍有未融化的積雪，所以建議各位即使夏季來到冰島旅遊也別掉以輕心，保持車速不要過快才是上上策。

　　到了冬季，只要一下雪，車子的抓地力就會變很差，雪水融化再結冰就會變得又滑又危險，所以雖然說冰島的地面道路下有地熱水加溫防積雪，但如果在你的車子前面還有其他車輛走過的話，建議還是盡量遵循前車的軌跡，比較不容易失控打滑。

　　某些山區路段是有季節限定的，冬天通常路況太差就會封路，等到夏季來臨才開放通行，而每年開放時間略有不同，須上網查詢。

自駕必看的常用網站

　　冰島天氣變化多端，且路上也隨時有突發狀況發生，像是積雪封路或施工障礙等，若到了現場才發現過不去，非常浪費時間。因此在每天出發之前先查看下列這些網站，都有助於讓當天旅程更順利喔。

網站名稱	內容簡介	網址連結
★冰島即時路況 Road conditions and weather	這個網站超級重要！由於很多路段屬於小河流過的山路或是位在山路的崎嶇路段，因此下個小雨就可能導致溪水暴漲，或是下雪而導致封山封路，所以建議要密切追蹤路況，了解有無封路？是否需要加裝雪鏈？這樣才能確保安全無虞！	http://road.is/
冰島駕駛指南 Safe Travel	這是冰島當地人架設的駕車教學網站，裡面教導旅客面對一些冰島路況的突發狀況該如何因應。例如若車子輾到小石頭而打滑、狹路遇到對向有來車、或是下雪的天氣…等各種情況下的因應教學，建議要去冰島自駕的旅人們一定要先看過！	http://safetravel.is/
冰島氣象 Icelandic Met Office	冰島天氣變幻莫測，每天追蹤隔天的氣象，才能確保安全駕駛唷！	http://en.vedur.is/

冰島官方版手機APP

由冰島官方道路與氣象局發佈的網站，提供即時路況、風向、休憩區等資訊。Paved Road是柏油路、Gravel Road則是碎石、礫石路的意思。

冰島氣候多變，即使在夏季也可能會出現惡劣的極端天氣，因此若要前往山區或更郊外的地方之前，建議先確認當地的即時路況再出發。這時候「Færð & Veður」APP就很實用，可以透過衛星即時回傳的影像等資訊來掌握路況。

https://vegasja.vegagerdin.is/eng/

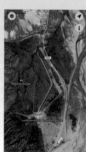

自駕時的注意事項

注意時速限制	在冰島開車，對於市區和鄉間的時速限制一定要先有概念：市區速限50公里／碎石路速限80公里／柏油路速限90公里。另外，海底隧道有測速照相，速限是70公里。
上路時的注意事項	在行駛中不能打電話、無論白天夜晚都要開車頭燈；進入城鎮常會遇上圓環，需讓內側車道先行。
請勿酒駕	酒精濃度超過0.05%就是酒駕，會有一張巨額罰單和被吊銷駕照。
請放慢速度	冰島有半數以上是未鋪柏油的石子路，若車速過快很容易將輾過的碎石子彈飛而砸傷別人。
注意動物	冰島的動物幾乎都是隨地放養，甚至沒有做圍欄，因此駕駛時請注意出奇不意過馬路的羊群。
勿任意超車	開車上路難免有時候會遇到慢車擋道，若想超車時要注意盲彎和對向來車，切忌隨意行駛到對向車道超車，如果前車有察覺後方要超車，通常會打方向燈靠邊讓後車超越，如果前車沒打燈，後車在超越時最好閃一下方向燈提醒前車。
請勿隨便越野	冰島政府明確規定沒有道路的地方是不准許開車行駛的，租車的保險條款裡也有載明，若駕駛隨意越野，即使出事，保險公司也不會理賠唷！
注意盲彎路段	所謂的「盲彎Blindhead」是指公路轉彎的地方剛好在地平面制高點，當開在這種路段時，駕駛基本上是完全看不到前方道路的，所以如果車速太快，車子開到高處才剎車進彎已經來不及了，因此很容易打滑失控翻車。冰島的東部有很多這類盲彎路段，因此如果前方的道路有盲彎或高低起伏較大的視覺死角，請記得放慢車速行駛。
留意單向橋	環島公路雖然寬敞，但多數橋樑都是單線道，一次只能讓一輛車子通行，所以如果在上橋前對向也有來車的話，通行順序以動物優先，再來是先上橋的車優先，另一台車則需靠邊稍候。

讀懂冰島告示牌

　　說到自駕旅遊，就一定得先了解在冰島開車的交通規則。冰島的交通號誌非常圖像化，幾乎看到牌子就知道是甚麼意思，很多告示牌在台灣從未見過，因此到了冰島觀摩一下這些告示牌的內容也是很有趣的體驗。

速限標誌

市區內一律不得超過50公里，石子路面速限80公里，柏油路面速限90公里。

注意標誌

小心騎馬者

小心牛群

小心羊群

小心糜鹿

當心圓環

道路縮減

當心坡度

注意路面碎石

路面顛簸

注意單向橋

禁止標誌

車輛禁入

禁止進入

禁止超車

禁止停車

禁止停車及臨停

告示標誌

進入市區

離開市區

盲彎

測速照相

景點標誌

景點

游泳池

住宿

餐廳

教堂

遊客中心

野餐桌椅

露營點

路面上也會有窄橋標誌

單向橋

動物優先

遵守交通規則

冰島與台灣一樣是左駕，駕駛規則大同小異，但還是有些在地差異要注意：

行駛中要開晝行燈。

速限方面，市區道路請保持限速50 km/h、郊區碎石路80 km/h、郊區柏油路90 km/h，市區附近會有測速照相，離開市區大多以人工測速，請遵守規則。

過路費與停車費

隧道過路費

自1998年開始收取過路費的海底隧道Hvalfjarðargöng，到2018年便以繳完貸款而停止收費。Vaðlaheiðargöng隧道於2019年1月開始收費，小型車的金額是1,500克朗，且無法現場付款，必須在通過隧道後三小時內線上支付通行費。若超過繳費時間，將額外支付1,000克朗的費用。

市區停車費

冰島鄉間地廣人稀，大部分景點地區都是免費停車，基本上只有在首都雷克雅維克和阿庫雷里市區這樣的大城市才會收取停車

費。停車場分為四個區域，收費時段與停車費有所不同（見下表）。

收費方式

　　停車收費可接受刷卡付款，但若要現金付費則大多只接受硬幣。停車時只須找到繳費機購買所需停車的時數，接著機器會印出停車券、上面會顯示能停到幾點，再把收據放在擋風玻璃底下給收費人員看即可。

違規停車

　　若超時或未依規定繳交停車費，則會被罰將近12,000克朗的鉅額罰款！

世界貴的超速罰單

冰島的超速罰單是世界前十貴的罰單，依據網友們血淋淋的「實戰經驗分享」，一張超速罰單金額高達20,000～120,000冰島克朗。要是在15天之內繳納可以打75折。繳交罰單的方式有兩種，一種是租車公司直接從當初登記的信用卡扣款，這還是比較簡便便宜的方式；若租車公司直接請你自己負責繳交此筆罰款的話，就必須用跨國匯款的方式繳交罰款給冰島政府了，匯款時不僅手續複雜，還要再被加收一筆跨國匯款手續費！所以出國在外自駕千千萬萬要遵守交通規則，開心出門平安回家。

若想使用APP支付停車費，建議在停車前下載APP並預先登記車牌號碼。

parka　　easy-park

區域	收費時段			停車費／時
	一～五	六	日	
P1				ISK 385
P2	09:00～18:00	10:00～16:00	不收費	ISK 200
P3				前2小時ISK 200 之後ISK 55
P4	08:00～16:00	不收費		ISK 200

實用的導航工具

　　自駕的遊客最常見的問題就是需不需要加購GPS導航機呢？在冰島找路認路其實並不是難事，畢竟可以開的路就只有那幾條，反正這裡幾十公里才有一條岔路，找路簡單的很。不過因為冰島的公路幾乎沒有路燈，到了晚上視線幾乎只剩車燈所及的前方10公尺，轉彎的時候幾乎是憑感覺轉的，這時如果沒有導航機指引你要在前方幾公尺處轉彎的話，真的有可能算錯岔路位置就摔進路邊的水溝或小溪裡哩！再來，冰島很多私房景點並沒有明顯的路牌標示，如果有導航的話也可以讓你比較準確地找到景點位置唷。

自備GPS導航機

　　市面上現在最常見的導航機有GARMIN、TOMTOM和PAPAGO這三種，PAPAGO其實是台灣比較常用，歐美基本上不太用這品牌；GARMIN是以美國圖資為強項，TOMTOM則是主打歐洲圖資最為完整。不過其實冰島的道路簡單，能開的道路沒有太多條，所以使用GARMIN或是TOMTOM的圖資都很夠用。若手邊有GARMIN導航機，只須上網下載歐洲圖資，即可以帶出國使用；TOMTOM則需另外購買歐陸圖資。

加購車上導航機

　　如果自己沒有導航機的話，也可以選擇在租車時向租車公司加購GPS導航機，加購價格各家略有不同，再請租車公司協助轉換為英文介面。

GOOGLE MAP導航

　　Google Map在2015年開通了冰島的街景和詳細地圖，因此遊客們可以直接在台灣先下載離線地圖作為導航機使用；若在冰島有申請上網服務的話，也可直接連線導航。

手機離線地圖App

　　除了Google，「map.me」App也可下載離線地圖，只要設好所有景點地標，就可開始從A點到B點的導航，準確度很高。

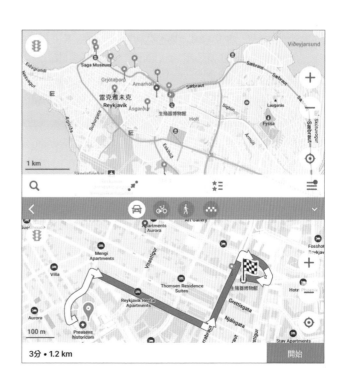

搭乘國內飛機

在冰島搭內陸飛機的價格其實不一定會比巴士貴，打折期間甚至還比較便宜，時間上也節省許多，很適合需要快速往返於大城鎮時使用。

冰島航空

國內機場列表

冰島國內的機場主要有五個大機場，由西至東分別是：

- 凱夫拉維克國際機場Keflavík Domestic Airport（KEF）
- 雷克雅維克國內機場Reykjavík International Airport （RKV）
- 冰灣市Ísafjörður Airport（IFJ）
- 阿庫瑞里Akureyri Airport（AEY）
- 艾吉斯塔迪Egilsstaðir（EGS）

其他還有數個較小型的地區型機場，例如：賞鯨小鎮胡薩維克HÚSAVÍK、賞海鸚的西人島Vestmannaeyjar與極圈內的離島Grimsey（GRY）…等。而冰島國內線的航空主要是由三家航空公司負責營運，分別是Icelandic Air、Eagle Air與Norlandair。

其中僅凱夫拉維克國際線機場（KEF）有提供冰島對外的航班，除了連接歐陸之外，也可選擇從冰島飛往鄰近的離島，如法屬法羅群島（Faro Island）或格陵蘭（Greenland）。除雷克雅維克國際機場外，其餘機場則用於營運國內航線。冰島的國內航線，主要是以南北大城的阿庫瑞里的機場（AEY）及雷克雅維克國內機場（RKV）為中心點出發至國內各城鎮，其餘機場之間則較無航班可選擇。

航空公司	營運航線	網址
Icelandic Air	連接冰島內陸大小城鎮及極圈內航線，航點較多	https://www.icelandair.com/
Eagle Air	營運航線為島上較邊緣的城鎮，航點最少但特殊	http://eagleair.is/
Norlandair	主要營運冰島北部及格陵蘭航線，航點不多但特殊	http://www.norlandair.is/

國內航線

　　冰島三大國內航空的航班會依照冬夏兩季略有不同，航班班次請參考各航空公司網站。

Eagle Air在冰島國內的航線

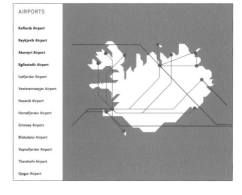

渡輪

　　想跳島遊玩的，也可以選擇坐渡輪前往。有三條路線是較多旅客選擇搭乘的：

1.前往維迪島Viðey

　　從雷克雅維克可搭乘前往維迪島Viðey的渡輪，可選擇從Harpa音樂廳或者雷克雅維克舊港Old Harbour的港口乘船出發。小野洋子為了紀念亡夫約翰藍儂所做的「Imagine Peace Tower」也是在這座小島之上，每年10月都會點燈。

● **訂票網站**：https://elding.is/tours/videy-island

2.前往西人島Vestmannaeyjar

　　西人島群島一共由十幾座島所組成，其中面積最大即為赫馬島Heimaey。所以現在一般大家所說的「西人島Westman Island」幾乎都是指赫馬島。想要近距離觀賞北極海鸚Puffin，可以選擇參加旅行社的Tour前來觀賞。

● **西人島Tour訂購網站**：https://cn.guidetoiceland.is/book-trips-holiday/day-tours/westman-islands

3.前往赫里斯島

　　赫里斯島Hrísey是冰島的第二大離島，面積僅次於赫馬島，擁有靜謐的避世風光。島上棲息著40餘種鳥類，也是冰島其中一個「觀鳥天堂」。從埃亞峽灣西岸的奧爾斯科格桑德小鎮Árskógssandur的港口搭船往返是抵達赫里斯島唯一的交通方式。

● **船班資訊**：https://www.hrisey.is/en/ferry-schedule

4.斯奈山半島往返西峽灣

　　位於斯奈山半島的斯蒂基斯霍爾米小鎮Stykkisholmur和西峽灣Brjánslækur碼頭之間的渡輪服務可攜車同乘，不僅可節省沿著峽灣開長途車的時間與精神，在渡輪上也可用餐與休息。

● **訂票網站**：https://www.seatours.is/

共乘

　　共乘是一種新奇的體驗，在冰島共乘過的旅人多是正面評價，不但能省下交通費，也有機會認識新朋友，不過多少有安全顧慮和招不到車的風險。招車方面，許多人是在路上隨機招車，現在還有冰島專門的共乘網喔。

Tips http://samferda.com/en/

腳踏車

夏天是適合在冰島騎自行車的季節，大部分的路都可以騎，法律沒有規定要戴安全帽，但多數政策還是會建議戴著。全國各地都有租車點，大多是區域限定，且車型通常也不適合騎長途，因此想騎長途的人會需要自備自行車、或是到當地購買。

若要騎長途，要有應付多變天候的準備，可能突然有強風或下雨，還要準備修理包、備品和基本維修技能，因為出了城市就幾乎沒有商店。

搭配大眾運輸來騎長途

- 國際機場（KEF）有提供單車拆組工具。

- 可運用巴士載運單車，多數巴士公司的運費約ISK3500，其中Strætó巴士不收費，K*EXPRESS巴士可免費從機場運到Reykjavik City Hostel。

- 在城市裡，巴士只停站牌；但在郊區，只要在任一小路與主要道路的交叉路口招車，巴士就會停，上車前請確保單車清潔，否則有可能被拒上車。

- 鄰近首都的海底隧道（Hvalfjörður Tunnel）禁止腳踏車進入，環島者請繞路。

Hvalfjörður海底隧道

 Tips

冰島每年會更新自行車環島地圖，上面有騎士需要的詳盡資訊，可參考http://cyclingiceland.is/

租腳踏車公司

租車公司	聯絡方式	價格	網址
Reykjavik Bike Tours	電話：+354 694 8956 地址：Hlésgata 01, Reykjavík	半天（四小時）/ ISK 3,900起 半天（24小時內）/ ISK 5,500起 兩天以上有優惠	https://icelandbike.com/
BIKE COMPANY ICELAND	電話：+354 590 8550 地址：Skeifan 11b , Reykjavík	ISK 280,000 / 四天山路行程 ISK 365,000 / 六天極限行程 或客製化行程	https://bikecompany.is/

環遊首都雷克雅維克的交通工具

搭乘巴士

機場巴士

　　雷克雅維克市中心距離機場的車程約為45分鐘，機場的接送巴士發車時間是配合從國際機場班機起降時間而定，所以無論你的班機是甚麼時候，一定都會有時間剛好能銜接的車班。

　　機場巴士的價格分成兩種：從市區裡的BSI總站或港口邊的灰線巴士總站到機場、以及從乘客下榻的飯店到機場兩種路程。如果訂的是「到飯店門口」的接送服務，接送人員會在「巴士出發時間」之前的30分鐘開著小巴士到飯店樓下去接客，之後送到巴士總站集合，再用大巴士把所有同班次的人一起送到機場。

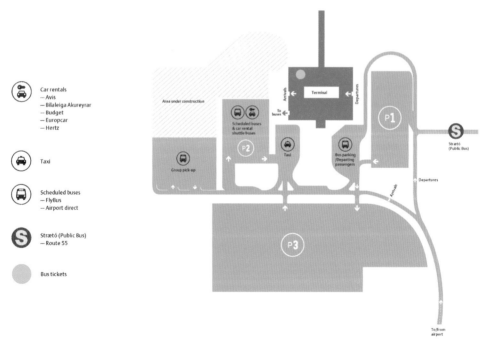

機場與巴士搭乘處平面圖
https://www.isavia.is/en/keflavik-airport

若是要搭乘送機的巴士，建議購買班機起飛前
2～2.5小時以上出發的班次，時間比較不趕。

往返市區與機場可選擇的機場巴士

	路程（搭車地點）	優點	單程票價	網址
Flybus	從凱拉夫維克機場到雷克雅維克市中心，以及有合作 Flybus+ 的飯店。	會隨著所有抵達機場的航班來發車。	ISK 3,899起	https://www.re.is/tour/flybus/
Grayline	從凱拉夫維克機場到雷克雅維克市中心，可加價接送至下榻飯店。	車上提供免費WIFI。若班機延誤，會為乘客安排下一班車次。	ISK 4,030起	https://grayline.is/airport-bus-transfer
Airport Direct	從凱拉夫維克機場到雷克雅維克市中心的巴士終點站，可加價接送至下榻飯店。	服務台每天 24 小時開放，全年無休。	ISK 3,890起	https://airportdirect.is/zh

市區公車

　　雷克雅維克市區和一般歐洲的首都不同，大多是以公車代步而沒有捷運地鐵系統，不過公車路線還算密集，加上市區規模不算太大，因此一般遊客最常會去的雷克雅維克大教堂、天鵝湖、Harpa音樂廳、維京船骨架等景點都在步行可以到達的範圍內。

租摩托車

若想去雷克雅維克遠一點的海邊、珍珠樓等景點，但又不想搭乘大眾運輸的話，也可以考慮在市區租個摩托車當個城市小遊俠唷。以下服務並非每天24小時全天候都有，若決定要體驗請事先上網提前預約。

租車公司	交通工具	聯絡方式	計價方式	網址
Reykjavik Segway Tours	賽格威 市區導覽	電話： +354 694 8956 地址： Hlésgata 01 , Reykjavík	45,000 kr /1人 45,000 kr /2人 59,900 kr /3人 74,800 kr /4人	https://reykjaviksegway tours.com/index.html
RENTAL MOTORBIKE	越野機車 重型機車	電話： +1 201 4788964 地址： Bolholt 4 , Reykjavík	一台車288 € / 天起跳	https://www.rentalmotor bike.com/zh/
Biking Viking	重型機車 一般機車 自行車	電話： +354 615 3535 地址： Flatahraun 31, Hafnarfjörður	28,900 kr / 天起跳	https://bikingviking.is/

搭計程車

大部分的計程車都在首都和大城鎮，首都以外的地區建議要預約。

雷克雅維克排班中的計程車

關於計程車的冷知識

① 冰島人對這兩家計程車公司的電話號碼琅琅上口，這是因為多年前計程車公司把號碼編成一首歌在廣告上強力放送的關係。

② 冰島計程車頂的TAXI字樣一般為黃色，只有在10月的時候會變成粉紅色，這是為了宣導乳癌防治月。

車行名稱	Hreyfill	Taxi Reykjavík BSR
電　　話	+354 588 5522	+354 561 0000
網　　站	www.hreyfill.is	www.taxireykjavik.is
營業時間	全年無休	
計價方式	起跳ISK 690，之後每公里加ISK 331，不收小費	
付費方式	信用卡、現金	
搭車方式	打電話預約 或 到計程車站點	
備　　註	① 計程車價是固定的，不會因為計程車公司而有所不同 ② 冰島計程車駕駛素質很好，不會有繞路或故意迷路的情況發生 ③ 冰島計程車沒有特別規定顏色，只能認明車頂上TAXI字樣的牌子	

雷克雅維克市區的計程車車站點位置圖

冰島趣聞：世界之最

世界最北的首都

全世界最北的首都在哪裡呢，答案是冰島的雷克雅維克，緯度66°08'N，僅僅比極圈線低了2度而已。儘管非常接近北極，卻由於有墨西哥灣暖流流經、再加上活躍的火山活動，氣溫比同緯度國家要溫暖得多。在冬天，日光只有4個小時，但要是遇上有雲或下雪，可就整天全黑了；相反的，在夏天，日光足足有21小時，玩樂時間很多，即使是夜晚的天空也不會全黑。

人口聚集度最高的首都

冰島的人口總數約為33萬人，而生活在冰島首都的人口就有21萬人，其餘12萬的國民則住在首都以外的城鎮，這意味著全國有高達64%的人都集中在首都，是世界上人口聚集度最高的城市，排名第二的則是烏拉圭，住在首都的人口約佔全國的60%。

使用乾淨能源比例最高的國家

冰島80%的用電量來自於水力發電和地熱發電，是全世界使用乾淨能源最多的國家，境內的空氣和水非常乾淨。除此之外，目前正逐步研究太陽能與氫電池，預計在2050年以前，全面擺脫石化燃料發電。

豐富的地熱資源

最和平的國家

　　在2023年的全球和平指數報告指出，冰島的安全指數已十六年皆蟬聯全球第一。由於犯罪率很低，你會發現居民幾乎不鎖門，警察沒有待辦案件，所以有時會去餵鳥或和雕像合照。

　　根據統計，冰島在2006～2011年間被謀殺的總人數為8人，同樣期間內，台灣是4866人。在所有犯罪中，毒品僅佔1%，可以說全國幾乎沒有毒品；而冰島雖然平均每3人就有1人擁槍，但是卻從來沒有槍枝犯罪，因為有嚴謹的槍枝政策支持，其中包含若想合法擁槍，必須先通過筆試和體檢的規定。

　　近乎零犯罪的成果，來自於冰島結合了北歐福利制度和美國創業精神，創造出沒有階級對立的社會。研究指出，97%的冰島人沒有明顯的階級感，亦即人人平等，加上國家小、居民彼此信賴，造就了全球最安全的國家。

全球最幸福的國家

　　根據世界幸福報告指出，冰島持續蟬聯全球最快樂國家之一，2023年全球排名第三，僅次於芬蘭和丹麥。即使在金融風暴後破產，人民的幸福感卻沒有降低，探究背後的原因，金錢不是他們最重要的考量，更多的是重視造就幸福感的四項特質：第一、冰島人與人之間有著極高的信賴，96%的人相信遇到麻煩時有人能伸出援手，不安感因此降低許多；第二、優質的環境，冰島人崇尚自然也保護自然，產業是低汙染的觀光和漁業，境內幾乎不過度開發，連欄杆都盡量不設置，國內能源有八成來自零污染的綠色能源，因此水和空氣的品質都非常好；第三、冰島人的平均壽命與日本並列世界第一，背後的原因相信是來自天然的環境和友善的人民；最後是冰島自由且平等的風氣，人民有一切自由，社會沒有階級之分，男女在家庭上彼此分工，就業與福利上、兩性也都能得到公平的對待。

兩性最平等的國家

　　根據世界經濟論壇（WEF）的兩性平權報告，冰島已經連續六年蟬聯性別差距最小的冠軍寶座，而且有望成為第一個完全消除性別差異的國家。

　　冰島的兩性就業率相當、高級主管中有40%是由女性擔任、董事長有44%為女性。在政治上，國家議會成員中有41%為女性，過去50年裡，有20年是由女性擔任國家元首，而在教育、健康、經濟等其他領域幾乎也消除了性別歧視。

　　這也間接造就了經濟的強盛，政府鼓勵人民，不論性別都要努力平衡社交、家庭和工作，確保兩性都有得到平等的對待，所以幾乎所有冰島人都能在工作上發揮他們的長才，進而造就國家經濟的強盛。

同志最快樂的國家

　　2016年「羅蜜歐星球」網站公布一百多個國家的「同志快樂指數」，最高的國家為冰島，其次依序為挪威、丹麥、瑞典、烏拉圭。亞洲排名最高的國家為泰國，台灣則為第二名。

在市政廳舉行的記者會，發表者全為女性。

出版、閱讀、作家密度最高的國家

　　冰島是世界上出版和閱讀風氣最盛行的國家之一，每年聖誕節前兩個月更是書市的旺季，有大量的新書上市，收入佔出版業全年收入的80%，書的數量多到被冰島人戲稱「聖誕書洪」（jólabókarflóð），2011年聯合國教科文組織還將雷克雅維克選為文學之城。會有如此多的書，一方面是因為冰島的冬天又黑又冷，人們大多從事室內活動，寫作便是選項之一，作家多到平均每十人就有一人出過書；另一方面是冰島人有將書當成聖誕禮物的習俗，在平安夜那一週，每戶人家會收到一份免費的年度圖書目錄（Bókatíðindi），大家會彼此討論，然後從中挑選要送的禮物。

　　是什麼造就了文學風氣呢？原來從前的冰島很窮，也沒有足夠的木材能生火，當寒冬與長夜來臨，人們只能聚在草皮屋裡取暖，由於待在屋內的時間很長，為了保持清醒和在工作後有些娛樂，於是發展出一種說故事聚會（kvöldvaka），人們聚在一起，由識字的人說故事或讀詩給大家聽，這樣的活動喚起了記憶中美好的維京時代，讓人們充滿力量度過漫長寒冬；而小朋友在耳濡目染之下，也了解國家文化，學到讀寫能力，更進一步讓冰島在一百年前就已經沒有文盲。故事聚會的精神延續到今日，便形成了閱讀的風氣，對冰島人來說，讀書不只是教育，也代表國家認同，和提醒自己，歷史已經走了多遠。

連鎖書店
Eymundsson

Chapter 4

行程規劃篇

Organize your itinerary
& must-see attractions

在著手冰島行程規畫前，最好先檢視一下預計的旅遊天數，再來決定遊玩的範圍和距離。冰島面積足足有台灣的三倍之大，加上地形崎嶇交通不便，因此光是環島公路全長就有將近1,300公里，所以若是總旅行天數不到10天以上，想自駕繞遍全島可能會導致沿途錯過太多美麗的風景而扼腕不已。若想擁有一個完美的冰島假期，建議應該先依照天數挑選不同的旅遊方式。

確認旅行天數與行程範圍

「能在冰島停留的天數夠長再環島，天數不足則跳點」

3天～5天

定點雷克雅維克

若在冰島停留的天數是3至5天，為了避免天天移動導致舟車勞頓，建議可選擇定點居住在首都雷克雅維克，再每天選擇參加南部瀑布、金圈之旅等景點的一日行程Local Tour。

5天～7天

南北區擇一深度遊覽

若您的旅遊時間有5至7天，雖然說抓緊時間仍有機會開車環冰島一圈，但是冰島沿途的美景太多了，你絕對不會希望為了趕時間而每天都在開車、錯過許多沿途美景吧？建議乾脆集中火力，擇一深度遊覽南部海岸冰川或北部火山地貌，否則待的時間不足卻堅持環島，恐怕會將所有的時間都會花在開車上，那就太可惜了。

7天～10天

搭飛機銜接冰島各區

若安排停留冰島的時間有7至10天，那麼基本上冰島主要的景點都有時間好好玩耍了，不過因為冰島的幾個主要景點大多集中在南部及北部區域，因此為了節省南北區域之間移動的時間，建議南北之間的交通可選擇以國內飛機作為銜接方式，才能拉長真正花在旅遊上的時間。

10天以上

租車自駕環遊冰島

若有10天以上在冰島旅遊的話，這樣的天數無論是駕車環島或是搭乘大眾運輸，時間都綽綽有餘。建議可以直接從機場租車開始您的冰島冒險之旅，除了最著名的金圈之旅外，也可以在沿途東西南北各區域挑選幾個景點密集區停留幾天，參

與冰川健行、極地探險、冰原摩托車、騎冰原馬等行程，或是單純開著四驅車到鄰近的鄉間小路探險，都是很不錯的遊玩方式。

　　若是預計待在冰島的旅遊天數低於3天以下的話，扣除掉交通時間，恐怕能夠旅遊的地區僅限於雷克雅維克了，如此一來冰島最吸引人的壯闊自然風光幾乎沒機會也沒時間一探究竟，建議不如等到下一次有較長的假期時再戰冰島唷！

逐步規劃行程

　　確定了遊玩的範圍和方式之後，接下來就可以開始安排行程囉！這裡提供我們設計行程時的步驟：

step 1　在地圖上標出所有景點，找出景點密集區

　　先上網搜尋或買本旅遊書做功課，把冰島所有好吃、好玩、好逛、好買的景點都標在地圖上，這樣打開地圖就一目了然，知道哪些地方是景點密集區、哪些區域只需要短暫停留。且標示在地圖上也有助於規畫行程時對即將前往的旅遊地有個概略性的瞭解。

step 2　粗估景點密集區之間的車程時間及距離

　　安排行程時除了要考量各景點的停留時間之外，點與點之間的車程也必須列入考量，因此盡可能將景點密集區之間的交通方式及所需時間標示出來。

step 3　決定住宿地點與停留天數

　　大致對於景點密集區的位置和各點之間所需的交通時間之後，接下來就可以依照各景點密集區和所需時間去決定各區停留的天數，行程的安排就大致告一段落。

讓行程更有彈性的訣竅

　　按照以上步驟就可以順利安排出最適合的冰島旅遊行程了，在決定住宿地點和停留天數時，請特別注意以下幾點小叮嚀：

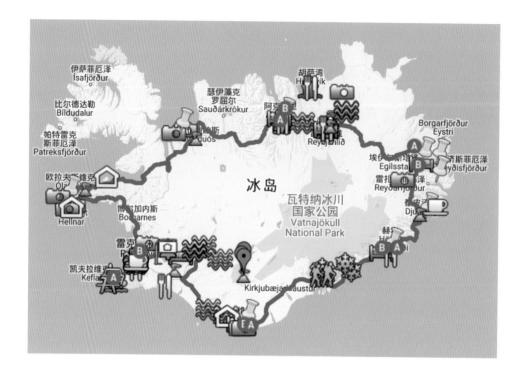

住宿地點應選在景點密集區

　　選擇下榻在這種景點密集區的好處是，假使前一天因為任何因素而延誤了行程導致部分景點沒時間去，隔天仍有折返再補跑景點的機會，可大大提高旅行時的機動性。

將各景點的停留時間抓鬆一點

　　行程規劃的初期很容易犯的毛病就是想把地圖上所有的景點通通都走過一遍，這樣可能會導致一天安排太多景點，但每個點可停留的時間反而變得很短；且在冰島自助旅行通常是以環島的方式移動，很多景點路過可能就無法再回頭了，所以寧可把每個景點預計停留的時間抓得寬鬆點，才不至於因時間匆忙而走馬看花。如果到了現場發覺景點比預期好，才能盡興地玩；若是景點不滿意，也有剩餘的時間可以稍作休息或另做安排。

一天開車總時間不超過5小時

　　冰島是個舉目皆風景的國度，加上一號公路沿線景點密集，每天開一點點路這

種「打帶跑」的方式其實最適合冰島這種到處都有景點的國家。如果把單日行程的距離拉太長，幾乎一整天都在趕路，沿途很多景點恐怕都只能淺嘗輒止。因此建議每天開車的時間盡量不要超過5小時，若點跟點間的距離太遠就安排住宿，以「邊開邊玩」的方式移動，這樣不僅可以讓司機充分休息，也不會因趕路而錯過沿途的景點。

保留半天到一天的彈性時間

這一點絕對是安排冰島行程時的重點！冰島的天氣變幻莫測，又以環島為主要旅遊方式，很多景點都是稍縱即逝，所以在時間安排上保留一點彈性絕對是必要的。如果很喜歡的景點剛好下雨或因天候導致封路，在沒有保留彈性時間的情況下，很可能就必須被迫放棄。因此強烈建議每3～4天就預留半天以上的彈性時間做為緩衝，假如真的很不幸遇到壞天氣、封路、雲霧太大等不可抗力因素，仍可將行程往後推延，以減低被天候或封路等因素干擾行程的機會。

不需天天換旅館

有過長途旅遊經驗的人都知道，光是打包及上下行李就是件非常累人的苦差事，因此建議每個景點密集區都盡量停留2天左右，若是旅遊天數有限，也可選擇以一間一晚、一間兩晚交替的住宿安排，較能避免每天換旅館造成的疲累和緊張唷！

冰島各區景點概述

　　雖然冰島面積不算非常大，但最大的優點就是幾乎集地球上所有壯麗的美景於一身。舉凡冰原、冰川、冰河湖、峽灣、斷崖、高原、平原、火山、地熱、溫泉、斷層、城市、鄉村和小鎮風光，全部都可以在這塊不算太大的島嶼上一次看盡，要說冰島是「冰與火之歌」的最佳詮釋也不誇張。冰島的東南西北各地區都各有其不同的特殊景觀，而官方以人口、行政等標準將全國區分為八大區域：

1.首都地區Capital Region（首府為Reykjavík）
2.南部半島Southern Peninsula（首府為Keflavík）
3.西部地區Western Region（首府為Akranes）
4.西部峽灣Westfjords（首府為Ísafjörður）
5.西北地區Northwestern Region
（首府為Sauðárkrókur）
6.東北地區Northeastern Region（首府為Akureyri）
7.東部地區Eastern Region（首府為Egilsstaðir）
8.南部地區Southern Region（首府為Selfoss）

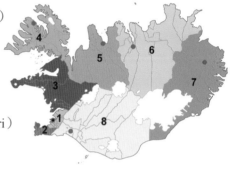

本書則以旅客的角度，將各區景點特色大致歸類為以下四大地區：

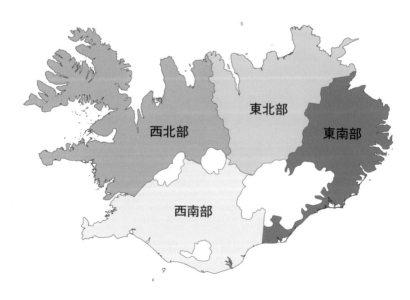

西南部

● **代表景色**：金圈、藍湖、玄武岩、瀑布
● **代表都市**：維克Vik、雷克雅維克 Reykjavik

　　這個地區可說是冰島縮影，特色景觀綜合了火山、斷層、間歇泉、瀑布等景觀，冰島最著名的藍湖也座落在此區內。首都雷克雅維克是其中最熱鬧的市區，南部城鎮維克則是旅客環島必經之地，周圍有壯觀的玄武岩地形，大小瀑布更是不計其數。此區適合旅遊時間有限的朋友，可以在短短數天之內概覽冰島最著名的特色風光。

東南部

● **代表景色**：冰川、冰河湖、峽灣
● **代表都市**：埃伊爾斯塔濟Egilsstadir、赫本Hofn

　　冰島的東南部地區幾乎都籠罩在全歐洲最大冰原－瓦特納冰原Vatnajökulsþjóðgarður的範圍內，冰原受到巨大壓力而向四周擠壓出各式各樣的冰川、冰蝕谷等地形，加上冰原底下蘊含的大量火山活動融化冰川而形成的冰河湖等

景觀，成了該區最大的特色；東南部最大鎮為赫本鎮，是冰島知名的商業漁港，鎮上也有多間餐廳及旅館，是東南部較為繁榮熱鬧的地區。東部沿海地區則是經過冰河時期的冰蝕作用切割而成的峽灣地貌，破碎的地形導致此區公路崎嶇蜿蜒，以埃伊爾斯塔濟Egilsstaðir為最大城，附近有機場可連接首都雷克雅維克。

東北部

- **代表景色**：銀圈、鑽石圈、火山、米湖、峽灣、賞鯨
- **代表都市**：阿庫瑞里Akureyri

東北部地區以火山特殊地形著稱，此區內散落著熔岩岩漿地表、火山口、火口湖、偽火山噴氣口、地熱等極其特殊的地形地貌，其中地洞溫泉更是許多攝影愛好者所青睞的攝影之處；除火山地形外，東北部因部分地區曾發生地層陷落的關係，因此出現許多斷層瀑布及峭壁峽谷等地形，是深度旅遊冰島的旅客務必到訪的地區。冰島第四大城阿庫瑞里Akureyri是本區最大城鎮，極北邊的胡薩維克Husavik是個漁港小鎮，因外海有北大西洋暖流的關係而在周圍的海域形成天然漁場，吸引鯨魚、海豚、海豹等各種海洋生物及海鳥聚集，可跟團參加賞鯨賞鳥等行程，也可參加極圈一日遊，從此處飛往北極圈內的小島－格里姆賽島Grimsey，體驗進入極圈的感動。

西北部

● **代表景色**：峽灣、海豹、海上玄武岩
● **代表都市**：瑟伊藻克羅屈爾Sauðárkrókur、伊薩菲厄澤Ísafjörður

冰島的西北部主要是由三大區塊組成：瓦斯半島Vatnsnes Peninsula、西部峽灣半島Westfjords及斯奈佛半島 Snæfellsnes Peninsula。這區有許多冰河作用後的峽灣地形，沿途路線高低起伏崎嶇難行，要想深入半島旅遊則須曠日費時，因此較少遊客深入此區。不過西北部地區沿海其實可看性頗高，如瓦斯半島及西北峽灣半島分別是以海豹及海鸚聞名，斯奈佛山半島則因地底的斯奈佛火山而在沿岸產生許多特殊火山地形，也是冰島的第四座國家公園所在之處，景色特殊壯麗，若有時間深度旅遊，定可發掘不少鮮為人知的秘境風光。

各個觀光路線

冰島的觀光業者為了推廣國內旅遊，因此發展出了幾條觀光路線。以下簡單介紹這些旅遊路線：

● **黃金圈Golden Circle**：坐落在西南方的旅遊路線，由國會舊址國家公園Þingvellir National Park、間歇噴泉Geysir及黃金瀑布Gullfoss組成。

● **銀圈Silver Circle**：範圍囊括黃金圈而更延伸，包含博爾加峽灣Borgarfjordur上游風光（Deildartunguhver、Hraunfossar、Húsafell）、冰川通道Langjökull glacier、火山地道Víðgelmir lava tube、水濂洞瀑布Seljalandsfoss waterfall、彩虹瀑布Skogar waterfall。

● **鑽石圈Diamond Circle**：坐落在東北方的旅遊路線，由極北小漁港Husavik、北方大城阿庫瑞里Akureyri及米湖Mývatn周邊連接而成了三角形旅遊地段。

其實各家旅遊公司的路線設計推陳出新，近年甚至還有發展出白金圈Platinum Circle等五花八門的觀光路線，不過最常見的還是上述三種旅遊路線。在安排行程時，可別被這一堆圈圈給搞迷糊囉！

推薦閱讀的實用網站

各景點簡介及周邊地圖

下面這幾個網站均提供了詳盡的景點解說，部分網頁甚至還有影片導覽，可以讓你在台灣做行前準備時就身歷其境的感受各景點的特色及風景，在初期行程規畫時非常好用。

Guide to Iceland

挑選景點及安排行程初期規劃時的首選。該網站上針對所有景點均提供詳細的解說，右上角可切換成中文介面，讓華人遊客在初步規畫行程時也能迅速上手。另外，該網站也有提供local tour的訂購服務，甚至有中文的線上客服，因此若對出團行程有興趣或任何問題，均可在此網站上獲得資訊及相關服務。

► https://guidetoiceland.is/

Nordic Adventure Travel

推薦的景點極詳細，有一些甚至是比較冷門的私房景點，所以正好可以拿來補足前述網站不足之處。規劃時可依照想搜尋的區域點選進網站上的地圖，網站就會幫你列出這個區域所有好玩的景點，甚至包含景點附近的住宿、地圖、簡介通通一應俱全。

► http://www.nat.is/

Inspired by Iceland

這個網站上直接把所有冰島好玩、好看的景點標示在分區地圖上，地圖上面的數字代表的是該區的景點數目，數字越大代表附近好玩的景點越多，用點的就可以查到漂亮的景點還有簡單的介紹，在行程初步決定停留地點和天數的時候，是非常好用的幫手。

► https://www.inspiredbyiceland.com/

sanmarko.nl

這裡將所有冰島最熱門的景點通通在地圖上標示了出來，除了可以看到各景點的歷史、文化和自然景觀的文字介紹之外，還有附近其他推薦景點及周邊地圖可供參考。

► https://www.sanmarko.nl/nl/Vakanties_/IJsland.aspx

自然生態和人文歷史相關

若能瞭解更多當地文化歷史背景，可以讓你在自助旅行時更深入其境。以下推薦幾個冰島人文自然介紹網站，讓你在設計冰島行程時，也能同時對各地區的風土民情有基本的認識。

Guide to Iceland

網站上有很多當地人寫的旅行景點分享文章，幾乎每一篇都是經典，像是《在冰島必做的12件事》、《冰島啤酒節》、《冰島最美的十道瀑布》…等，提供了非常詳盡的資訊及心得分享，集所有冰島自助旅行者想知道、該知道的資訊於一身，對冰島遊客有莫大的幫助。

▶http://cn.guidetoiceland.is/

Visit Iceland

這個網站除了各地的景點以外，連冰島的風土民情通通都有詳盡的解說，如果想了解冰島自然人文、政經社會的文青自助客，不妨出國前可以先來這個網站做做功課、深入了解冰島的文化歷史背景。

▶https://www.visiticeland.com/

Nonni Travel

以介紹人文、歷史、氣候、生態為主，想更深入了解冰島的人可供參考。

▶http://www.nonnitravel.is/

UNLOCK ICELAND

這是一位台灣人旅居冰島所經營的旅遊網站，也是冰島旅遊局認證的旅行品牌。可從中獲得許多由台灣人角度看待冰島所需的旅遊資訊與知識。

首都：雷克雅維克

首都地區的景點

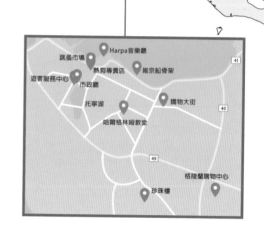

冰島西南部的首都地區主要是由雷克雅維克及鄰近郊區組成，這一區面積雖是冰島區域劃分中面積最小的區塊，卻是整個國土內人口密度最高的地區，首都地區及機場所在的南部半島內，人口的總數就佔了整個冰島總人口的 1/3，不過雖說是人口最密，其實整個首都市區的人口也才區區 13 萬人罷了。冰島的首都是全世界緯度最北的首都，當初維京人因此處的地熱蒸氣而將之稱為雷克雅維克，冰島文的原意就是指「冒煙的港灣」。雷克雅維克號稱是歐洲最乾淨的無煙城市，市中心除了獨具北歐特色的建築外，也有許多販售紀念品的商品及著名的餐廳商品可供遊客們選擇，是全冰島較具有觀光氣息的地方。

 Tips 雷克雅維克旅遊官方網站：http://www.visitreykjavik.is/

哈爾格林姆教堂 Hallgrimskirkja

　　哈爾格林姆教堂是全國最大的教堂，高73公尺，是冰島的國家建築師GuðjónSamuelsson於1937年設計，並於1945年開始著手興建，總共花費了38年才完工的建築巨作，教堂外觀類似於玄武岩熔岩流景觀。教堂的名字是以冰島的詩人HallgrímurPétursson命名，此教堂如今已成為市區內最著名的地標之一。教堂前的西格松雕像是冰島獨立之父－萊夫·埃里克松Leifur Eiríksson，雕像下刻著一段文字：「我們必須鼓起勇氣，不惜將星空推倒來填補地面的坑洞」，是美國在1930年為了紀念冰島議會成立而贈送的禮物。

費用：教堂大廳免費。
頂樓觀景台：成人1,200 kr／7-16歲 200kr／7歲
　　　　　　 以下免費
網址：https://www.hallgrimskirkja.is/en
電話：+354 510 1000
開放時間：5～9月09:00～20:00
開放時間：10～4月11:00～17:00
景點座標：N 64°08.517, W 21°55.650

臨湖音樂廳和會議中心

Harpa Concert Hall and
Conference Centre

費用：大廳免費進入
網址：https://www.harpa.is/en/
電話：+354 528 5000
開放時間：週日至週二 10:00～18:00；週三至
　　　　　週六 10:00～20:00
景點座標：N 64°09.023, W 21°55.969

　　這座坐落在雷克雅維克濱海處的多功能音樂廳，外觀是由鋼材和玻璃組成的拼貼立方體造型，其建築靈感來自北極光和充滿冰原風格的自然風光，透明玻璃的作用可以將圍繞雷克雅維克的山海景觀一覽無遺，進入建築後轉變為類似玄武岩結構的空間，恰巧彰顯了冰島的沿海風光。而建築的核心－音樂廳，則是以鮮豔的火紅色為主色系，就如同構成冰島大陸的火山地貌一般，從音樂廳的建築就能見到冰島「冰與火完美結合」的鮮明特色。

維京船骨架 Sólfarið

　　這個位在音樂廳旁濱海步道上的船型骨架又名太陽航海者Sun Voyager。維京船骨架所在的地方，正是當年第一批維京人抵達冰島上陸的地點。維京船骨架最特別的地方在於它的船頭及船尾的樣貌，在傳統的維京船Drekar設計中，船頭船尾都會設

計成龍或蛇的形狀雕塑，據說是為了
保護船舶和船員。冰島是一個非常相
信傳說和神話的民族，因此船身通常
會有圖騰和雕塑，希望藉由這些圖像
來避開北歐神話中海面下一些可怕的
怪物，而維京船骨架兩頭的三叉戟，
代表的就是傳統維京船頭和船尾的龍
蛇樣貌，中間五根像是叉子一樣的設
計，象徵的是維京人在划槳的型態，
非常傳神。

(Info)
費用：免費
開放時間：00:00～24:00
景點座標：N 64° 08.857, W 21° 55.34

跳蚤市場
Flea Market（Kolaportið）

　　每逢星期六及日，雷克雅維克
舊碼頭旁的一座舊建築內便會舉行
小規模的跳蚤市場，這個市場名為
Kolaportið，市場內除了許多販售新
品店家之外，更多的是當地居民會將
自家不需要的二手商品帶來販售，舉
凡舊的衣物、飾品、廚具、甚至家具
比比皆是，若在此處細心挖寶，真可
從中尋到不少便宜又大碗的寶藏。跳
蚤市場前半部多為二手書籍、CD及
衣物雜貨，後半部則以販售凍肉及海
產為主。市場僅周末營業，且少數二
手商家僅收現金。

(Info)
費用：免費
網址：https://www.facebook.com/kolaportid.is/
地址：Tryggvagötu 19 ，Old Harbour，Grófin，
　　　Reykjavík
電話：+354 562 5030
開放時間：周末11:00～17:00
市場座標：N 64° 08.924, W 21° 56.286

特寧湖 Tjörnin

　　特寧湖地處雷克雅維克市中心，湖面上總有成群的天鵝、海鷗、鴨子等水禽動
物棲息，因此又被遊客們暱稱為鴨子湖或天鵝湖。順著湖畔的步道前行，沿途可欣
賞到鄰近的冰島議會大廈、政府大樓、國家博物館、冰島大學等主要公共建築，更

費用：免費　**開放時間**：00:00～24:00
景點座標：N 64° 08.715, W 21° 56.659

雷克雅維克市政府宣導遊客在5月1日至8月1日這段期間請勿在托寧湖畔餵食鴨子，因為這些食物會引來海鷗落地搶食，而這個時期也是小鴨子的出生季節，此舉會導致海鷗直接獵捕小鴨，為了維護當地生態平衡，有勞遊客一同遵守規定。

Bæjarins Beztu Pylsur（BBP 熱狗）

熱狗是冰島的國民美食小吃，來到雷克雅維克，就一定要來嚐嚐這家號稱全冰島最好吃的熱狗，據說美國前總統柯林頓也曾造訪過。冰島熱狗是由羊肉、牛肉與豬肉混合而成，多數人都推薦綜合口味，當店員問：「All？」就是所有醬料都加的意思。BBP距離Harpa音樂廳只有約五分鐘的步程，位於Tryggvatagata街上，只要遠遠看到排隊人潮的小攤準沒錯。

地址：Tryggvatagata 1, 101 Reykjavík
電話：+354 511 1566
網址：http://www.bbp.is/
價位：600 kr
開放時間：周日至周三 09:00～01:00、周四 09:00～02:00、周五至周六 09:00～06:00

可以透過湖面眺望對面小山坡上的哈爾格林姆教堂，在無風之日，波平如鏡的湖面平靜到可以倒映出四周建築的倒影，如同火箭般造型的哈爾格林姆教堂在層層疊疊的傳統北歐建築中一枝獨秀的映射在水面上，其美景堪稱一絕。冬季時，湖水的水面大多會被冰層覆蓋，但少數湖底有地熱湧入之處會將湖面的冰層融開，為水鳥們開闢出零星的活動區域。

市政廳

The City Hall（Ráðhús Reykjavíkur）

　　這座位在特寧湖畔附近的現代化純白建築就是冰島首都的市政廳大樓。雷克雅維克市政廳由建築師瑪格麗特・哈爾薩多蒂（Margrét Hardardóttir）和史蒂夫・克里斯特（Steve Christer）聯手設計。在興建之初一度因為兩位建築師的無經驗及設計理念而遭受到反對人士的死亡與炸彈威脅，但在當時的市長大衛・奧德松力排眾議之下，這座優美的建築終於在1992年4月14日建成使用，工期共四年半。建築物的基座興建於湖畔下方，一樓大廳地面則是與湖面切齊，令整座建築宛如一座漂浮於水面上的白色方塊。市政廳的地下室有寬廣的展覽空間，裡面擺放了大型的冰島地勢圖，清楚描繪出冰島全國的地形和崎嶇的海岸線，一旁的資訊櫃台也有提供旅遊及其他的相關服務，市政廳的樓上則是市長的辦公室及其他市政部門所在。

費用：展覽空間可免費進入
網址：http://reykjavik.is/en
地址：Tjarnargata 11，101 Reykjavík
電話：+354 411 1111
開放時間：周一至周五 08:00～18:00／周六
　　　　　10:00～18:00／周日 12:00～18:00
景點座標：N 64°08.771, W 21°56.547

Laugavegur購物大街

費用：免費
開放時間：多數店家營業時間為 10:00～18:00
景點座標：N 64°08.583, W 21°54.782

　　Laugavegur購物大街是雷克雅維克市區最熱鬧的購物大街，位置就在哈爾格林姆教堂正前方延伸出去的街道，商店街的兩旁全是販售衣服、冰島特產、紀念品、保養品等各式各樣的商店，光是紀念品店就多達10家左右，其中也不乏許多知名的國際大品牌在此設店駐點。冰島最著名的藍湖溫泉保養品在這裡也有展示店面，是所有想在冰島購買伴手禮的遊客們血拚噴錢的好去處。商店外若貼有VAT refund的招牌則可向店員索取退稅單。即使店門口外沒貼退稅標籤，也可直接向店員詢問是否有免稅服務，在店內填寫完退稅單後，即可至機場申請退稅。（退稅詳細資訊請見Chapter 2「退稅須知」）

(Info)

費用：免費／餐廳及酒吧須另外付費
網址：http://www.perlan.is/
地址：Öskjuhlíð，105 Reykjavík
電話：+354 566 9000
開放時間：建築 09:00～22:00／餐廳 11:30～18:00
景點座標：N 64°07.752, W 21°55.144

珍珠樓
Perlan

　　珍珠樓是一座位於雷克雅維克郊區Öskjuhlíð山上的標誌性建築，高25.7公尺，外觀是由六座圓柱簇擁著中心玻璃圓頂所搭建而成的造型。這座建築是1990年代初期由建築師英格曼登·史凡森Ingimundur Sveinsson所設計，六座圓柱其實是當時為了城市居民所需而設計的天然地熱熱水槽，而上方的圓形拱頂則設計為旋轉景觀餐廳，整座建築結合了展覽空間、餐廳、及實用的城市熱水系統。一樓的冬園Winter Garden是個巨型展覽廳，經常舉辦音樂會，其中的噴泉是模擬冰島的間歇噴泉，每隔數分鐘便會噴水。四樓是六邊形的露天360度觀景台，可以從每個角落盡覽周遭自然風光。著名的珍珠館360度旋轉餐廳Perlan Restaurant位於五樓，餐廳均由透明玻璃帷幕構成，用餐的客人可以在享用精緻餐點的同時，一邊欣賞不斷變換的景觀。其中一個儲存熱水水箱目前已被改造成「傳奇博物館Saga Museum」，遊客在此可以體驗冰島人過去及現在的生活情況。

Info

費用：免費
網址：http://www.kringlan.is/English
地址：Kringlan，Kringlunni 4-12，103 Reykjavík
電話：+354 568 9200
開放時間：周一至周五 10:00～18:30／周六
　　　　　11:00～18:00／周日 12:00～17:00
景點座標：N 64° 07.799, W 21° 53.702

格陵蘭購物中心
Kringlan Shopping Mall

　　這座位於雷克雅維克郊區的購物中心為全冰島規模最大的購物商場，這裡有上達150家的品牌商店及服務中心、電影院、美食廣場以及主題餐廳，除了有知名國際品牌以外，商場內也有書城、紀念品店及畫廊等多元選擇，國人喜愛的冰島品牌66° N在此也有設點，是在冰島購物選擇性較多的地方。購物中心有提供往返於市中心的免費接駁車，停靠地點有：雷克雅維克遊客中心、音樂廳，每小時有一班往返市區。

西南部及大城

南部半島的景點

　　南部半島又稱「雷克雅尼斯半島」，是全國除了首都地區以外人口密度第二高的區域，冰島的國際機場就位於該區內，而素有人間天堂之稱的藍湖也座落於南部半島內，是所有遊客造訪冰島必定會光顧的溫泉。半島因位於歐亞美板塊交界處，加上附近有火山地熱活動，板塊上抬造成濱海海岸充滿壯觀的斷層景色，火山地熱活動則在平原處形成泥漿池及大量地熱區，因而此處地質特殊景觀多元，2015年被劃為雷克雅尼斯地質公園 Reykjanes Unesco Global Geopark。

 官方網站：http://www.visitreykjanes.is/

天空溫泉 Sky Lagoon

　　距離首都雷克雅維克僅不到15分鐘車程的距離，有座2021年才開幕的天空溫泉 Sky Lagoon，是近期逐漸備受矚目的無邊際海景地熱溫泉，是可以面朝北大西洋、直接欣賞海天一線的景點。

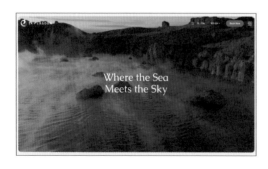

Where the Sea Meets the Sky

 Info

網址：https://www.skylagoon.com/
電話：+354 527 6800
Email：info@skylagoon.is
地址：Vesturvör 44 200 Kópavogur
開放時間：每日約在10:00～23:00開放，實際情況請上官網查詢
票價：依方案不同，有8,500kr、11,500kr與14,500kr的選擇。
座標：N64.116474, W21.946290

藍湖
Blue Lagoon（Bláa Lónið）

藍湖是一座由附近地熱發電廠排出的水形成的地熱溫泉，由於水內富含二氧化矽，意外讓整片水池變成美麗的湛藍色而聲名大噪。藍湖地底下的板塊是地球上岩漿活動最頻繁的區域之一，聰明的冰島人在此處設立地熱發電廠，為冰島市區居民提供熱能和電力；而加熱後排放出來的熱水因長年保持在35～40度左右的溫度，便提供居民及遊客泡湯之用。在藍湖不僅可享受露天風呂的樂趣，溫泉周圍遍布著富含矽的溫泉泥，讓遊客們可以一邊泡湯一邊敷臉，也是冰島外銷的主力產品。

藍湖溫泉旁有自家旅館Silica Hotel，距離藍湖溫泉總館約1公里，共提供35間房間，住戶可免費使用旅館私人溫泉池及私人更衣間，並不定期推出促銷折扣價。

網址：http://www.bluelagoon.com/
電話：+354 420 8800
開放時間：依季節月份不同，開放與關閉時間稍有不同。聖誕節至跨年那週營業時間也會提早至下午就休息，若有在此期間計劃前往藍湖的旅客請上官網確認營業時間。
景點座標：N 63° 52.8181, W 22° 26.9582

票價	年齡	
	14歲以上	2至13歲
舒適套餐（含藍湖門票、使用浴巾、一杯飲料、面膜）	ISK 9,900～14,490	免費
高級套餐（含藍湖門票、使用浴巾及浴衣、一杯飲料、額外兩份面膜、LAVA餐廳酒）	ISK 12,490～16,990	免費
豪華套餐（可進出藍湖及Spa餐廳、藍湖護膚設施、使用五小時Retreat Spa、個人更衣室）	ISK 79,000～89,000	免費

歐美板塊交界橋

Miðlína（Bridge between Continents）

　　雷克雅尼斯半島地處地球的兩個板塊－歐亞板塊及北美板塊的交界處，板塊的推移作用在半島上產生了一道驚人的裂縫，這個地方就是歐美板塊交接橋的由來。冰島人將裂縫的兩端由橋梁連接，象徵著歐亞及北美板塊之間的連接，橋面總長僅15公尺，遊客們可以步行穿越這座連接裂縫的橋梁，見證歐亞板塊和北美板塊造成的地質奇觀。通過該橋者可至西南部遊客中心或Duus Hus Cultural house地質公園遊客中心索取跨越兩座板塊的證明。

(Info)

費用：上橋免費／取得過橋證明 €8
開放時間：通往此處道路經常封閉，來要靠運氣
景點座標：N 63° 52.101, W 22° 40.520
圖片來源：https://www.visitreykjanes.is/

硫磺山

Brimstone mountain（Brennisteinsfjöll）

　　這裡是火山作用形成的特殊地質景觀，過去因火山爆發後，岩漿途經此區域流至Herdísarvík海灣，因而在此形成了許多岩漿洞、硫磺石等奇特景觀，山上最著名的火山熔岩洞穴裡有大量以凝結的熔岩和特殊地質現象，是當地許多洞穴探勘行程必造訪的景點。洞穴位於42號公路旁的高山平原上，無法駕車直達，必須自山下步行6～8小時，建議參加當地的火山遊行程（Lava tour）較安全。

(Info)

費用：免費
開放時間：00:00～24:00
景點座標：N 63° 55.403, W 21° 48.770
圖片來源：http://www.savingiceland.org/

雷克亞尼斯燈塔
Reykjanes Lighthouse（Reykjanesviti）

　　這是冰島最古老的燈塔之一。原始版本的燈塔興建於1878年，爾後因火山爆發及海嘯導致舊燈塔不堪使用，因而在1908年興建了現今這座新燈塔，塔高26公尺。當天氣晴朗時，從燈塔往海面的方向可以欣賞遠處的飄浮離島－埃爾德島Eldey island，這座離島是冰島國寶鳥－海鸚puffin的一大棲息地，若計畫前往賞鳥，請務必記得攜帶隨身望遠鏡。

費用：免費
開放時間：00:00～24:00
景點座標：N 63° 48.818, W 22° 42.884

克里蘇維克地熱區
Krýsuvík-Seltún

　　克里蘇維克地熱區和北部米湖附近的地熱區有著異曲同工之妙，這裡有著滾燙冒泡的泥漿池，部分地區甚至還冒著熱騰騰的蒸氣，散發出濃濃刺鼻的噴氣口遍佈在地熱區之間，因富含硫磺及化學作用而讓地表產生五顏六色的變化，因此放眼望去紅、黃、橘、綠色的泥漿池比比皆是；除了五顏六色的泥漿池之外，附近還有三座火山火口湖－Grænavatn、Gestsstaðavatn、Augun lakes，以及優美的濱海斷層斷崖Krýsuvíkurberg Cliffs可欣賞風景。地熱區裡有維護良好的人行步道，若體力好的人還可以步行至附近的Solfatara火山蒸氣口，從蒸氣口的高點可以俯瞰附近地熱奇景與遠處海岸風光，景色特殊壯觀。

費用：免費
開放時間：00:00～24:00
景點座標：N 63° 53.739, W 22° 03.140

格林達維地熱溫泉區
Gunnuhver

　　這裡是半島西南部的一處地熱泥漿池。傳說400年前，冰島此處曾經有一個很厲害的女鬼，名叫Gunna，這個女鬼在當地造成了很大的困擾，直到有個牧師設下了陷阱，才讓女鬼掉進溫泉中，不再對當地造成危害，這個地方也因為這個傳說而被命名為Gunnuhver。此處的地熱泥漿池來自於地底地熱，溫度高達300度，伴隨的二氧化碳及硫化氫令水質呈偏酸性，導致熔岩岩石融為泥漿，而形成了附近遍布的泥漿池並形成了遍布的泥漿地，而全冰島規模最大的泥漿池就位在此處。

費用：免費
開放時間：00:00～24:00
景點座標：N 63°55.403, W 21°48.770
圖片來源：http://www.savingiceland.org/

南部地區的景點

　　此處不僅是歐亞美板塊交接地帶，也因附近有密集的火山作用而令該區內擁有各種地質奇景。南部地區面積較大，依照景觀差異可大致區分為內陸地區及沿海地區，內陸主要是以斷層火山活動形成的地質景觀為賣點，冰島遊客必到的金圈路線就位於此；而南部沿海地區有許多瀑布及玄武岩海岸景觀，都是由冰川雪水融化後、沿山崖流下切割而形成的地貌。

黃金瀑布
閒歌泉
辛格韋勒國家公園　布魯爾瀑布群
維京村落博物館
凱瑞斯火口湖
海克拉火山
彩色火山
塞爾福斯

塞里雅蘭瀑布
野溪溫泉
彩虹瀑布
傳統草屋博物館
黑沙灘自然保護區

　　此區瀑布大小景觀各異，特殊又密集的瀑布景色舉世聞名，是攝影愛好者的拍照聖地，維克小鎮附近的玄武岩海岸風光更是壯觀。在冰島文中，只要見到名字後面有「foss」，就是指瀑布的意思。此區的瀑布是攝影愛好者的拍照聖地，維克小鎮附近的玄武岩海岸風光更是壯觀，冰島最活躍的兩個火山－海克拉Hekla及卡特拉Katla均位於該區內。

 Tips 官方網站：http://www.south.is/

內陸地區

辛格韋勒國家公園
Þingvellir National Park

　　此地又稱「國會舊址國家公園」，是西元 800 年維京人時期，因挪威土地及糧食短缺而令許多移民漂洋過海來到冰島，而國家公園這一區就是當時的交通和經濟重心城市，當時的新移民希望能藉由民主的方式，在新大陸上發展出一套新律法，因此從西元930年6月開始，冰島推選出了39位各行各業的代表，聚集在此處一個高起的大石頭上方，與其他與會者一起共商大事，進而制定法律、成立議會，全世界第一個民主議會於是在此誕生。西元1944年，冰島人民在此投票決定宣布脫離丹麥統治並成立冰島共和國，由此可知國會舊址和法律石在冰島歷史或在全世界的民主史上所代表的地位。

法律石
The Law Rock（Lögberg）

　　當初在沒有確切國會地點的時代，國家公園中一塊高高凸起於平原之上的大石頭就是當時國會的演講台，而底下的平原就是廣大聽眾的觀眾席，也因此這塊大石頭被視為是冰島民主的起源，只可惜經過數千年來地殼的變動，原始的法律石早就已經沒入湖水裡，冰島人民於是在法律石舊址的上方樹立了一根冰島國旗，以紀念這塊大石塊對冰島政治法律及社會文化的歷史地位和影響。

板塊交界處

　　國會舊址國家公園中有不少板塊交界的景觀可供欣賞，其中更是以公園入口處步道附近的隘口最為知名，被遊客們稱作為「國會斷層」，這個隘口因為交界寬度最窄，因此景觀最具震撼感，大西洋中洋脊板塊的斷裂帶每年都還在以2mm的速度持續向外拉扯中。

海底峽谷

　　國家公園裡有兩個海底峽谷－Silfra和Davíðsgjá，是全世界唯一一個可以潛水在兩個板塊裂縫之間的地方，最窄的地方只需張開雙手就可以碰到兩邊板塊；這裡也是全世界最純淨水域之一，水底能見度高達到100公尺；峽谷深度都超過61公尺，是全世界潛水愛好者的天堂。

Þingvallabaer農舍

　　這些農舍是1930年代由建築師Gudjon Samuelsson所設計，為了紀念冰島議會成立一千週年而建立的紀念建築，現在則是作為公園管理人員的辦公室以及冰島總理部長夏季渡假之用。

Þingvallakirkja教堂

　　Þingvallakirkja教堂的主教任聖職是11世紀時，但目前木造結構的教堂是則是追溯到1859年，冰島1271年以前獨立時代的詩人Jonas Hallgrimsson和Einar Benediktsson就埋葬在教堂附近。從此處可欣賞Öxará River注入國會湖的景觀。

Drekkingarhylur湖泊

　　相傳是過去用來溺死通姦婦女以作為懲罰的小湖泊。

費用：免費／潛水需另外向當地旅遊業者購買潛水行程（相關資訊請見Chapter 5「Local tour篇」）
網址：https://www.thingvellir.is/en/
開放時間：00:00～24:00
景點座標：N 64°15.3187, W 21°7.8529

塞爾福斯 Selfoss

　　塞爾福斯是冰島南部地區的首府，也是一號公路在南部路段中規模較大的城鎮，鎮上人口約7800人。因地處車流量較大的一號公路旁、且是從雷克雅維克通往冰島東部的第一個停靠休息區，因而成為附近的商業及小型企業集散地。鎮上有許多餐廳、旅館及大型量販店，距離著名景點不遠，成了許多自駕遊客在環島行程中選擇下榻的地點之一。

網址：https://selfoss.com/
景點座標：N 63° 56.214, W 21° 00.289

間歇泉
Strokkur geysir

　　此區位在Hvítá河岸，因受到地熱影響而將地表水源加熱至滾燙，進而從裂縫中噴發而形成的間歇噴泉區。原本此區最具代表性的噴泉是小間歇泉（Litli Geysir），爾後據說是某一年冰島國慶前，當地居民為了想要擴大慶祝，在間歇泉裡倒了好幾噸的肥皂粉想讓間歇泉噴得更高，意外地讓間歇泉的水溫降低而從此不再噴發了，從此不遠處的Strokkur便取代了它的地位。Strokkur在冰島文中的意思是「攪拌」的意思，這個間歇泉大約每6～10分鐘就會噴發一次，最久的頻率是15至20分鐘噴發一次，噴發的高度大約是30公尺左右，每次加熱後蓄積熱能不同，噴發的高度也會有所不同。雖然噴發高度沒有Litli Geysir高，但它的範圍和水量卻是比

費用：免費
注意事項：各位在欣賞間歇噴泉時請特別留意風
　　　　　向往哪邊吹，不然被噴到相機鏡頭和
　　　　　身體可是很掃興的。
開放時間：00:00～24:00
景點座標：N 64°16.4694, W 20°21.4058

Litli Geysir大，也因此當地政府在附近設了護欄，避免過燙的水溫讓遊客受傷。這一區附近還有其他像是國王噴泉 Konungshver、祈雨師 Operrishola、保溫鍋 Belsi等共10幾個大大小小的間歇噴泉，附近的地表因為不斷被地熱和間歇泉的水溫加熱的關係，不僅有濃濃的硫磺味，橘紅色的泥土被充滿硫磺的泉水流經後，像是潑墨一樣的黃綠色彩在地表上渲染開來，甚是特別。

布魯爾瀑布群
Bruarfoss Waterfall

　　布魯爾瀑布群雖位在金圈之旅的範圍內，但因地勢隱密加上名氣不大，因此鮮少有遊客前來。該瀑布位於冰島西南部Grimsnes地區的Bruara河上，雖然在

費用：免費
開放時間：00:00～24:00
景點座標：N 64°15.856, W 20°30.943

冰島國內來說規模並不大，但因該瀑布是由周遭數十條小型的斷層瀑布組成，綿延數公里的水霧令周遭河景好似蓋上一層細細薄紗般夢幻，加上地勢落差而令河水呈現夢幻的水藍色調，水藍色的粉嫩場景如同仙境。

黃金瀑布 Gullfoss

　　「Gull」在冰島文裡代表的是Gold，也就是黃金的意思；「Foss」在冰島文裡則是Fall，也就是瀑布的意思。因為在夏季河水混著泥沙呈現金黃色，加上陽光的照耀之後，整個瀑布會猶如黃金般閃耀，因而得名。Gullfoss是個由兩座斷層地帶所形成的巨大瀑布，上方的斷層高度大約11公尺，大量的河水從桑德湖 Sandvatn與惠陶爾湖Hvítárvatn匯流而來，水到了斷層峽谷之後分流成高高低低的數個瀑布，下方的斷層則是一個21公尺高的大瀑布，因此也是整個瀑布水勢最浩大的地方，遠從幾公里外的馬路上就可以聽見充滿震撼力的傾瀉水聲，而瀑布激起的水花在陽光照射下常常會形成橫跨在瀑布上方的美麗彩虹。黃金瀑布的水量極其洶湧壯闊。

費用：免費
注意事項：冰島多數景點並未設置人工防護措
施，請遊客們自行注意腳下安全。
開放時間：00:00～24:00
景點座標：N 64° 19.529 W 20° 7.635

維京村落博物館

Þjóðveldisbærinn Stöng

　　這座博物館的位置是冰島祖先的古老農莊，後因海克拉Hekla火山爆發後被破壞
廢棄，爾後在1974年為了紀念冰島祖先移居1000周年紀念，便在原址興建了這座博
物館。館內重建了維京時代的房舍村落外觀，共有3棟仿古建築房舍，包括農舍及
一棟教堂，均開放給遊客參觀。在博物館中，不僅可近距離觀賞到仿古建築的結構
設計，建築內部也擺設有許多過去生活
的用具及文化簡介，讓遊客對於冰島祖
先的生活環境概況及文化有更深入的了
解。這裡也是美國知名影集《權力遊戲
Game of Thrones》的場景，憑藉影集的
魅力而近年吸引了大量遊客前往朝聖。

費用：成人：2,500 kr ／12歲以下免費
網址：http://www.thjodveldisbaer.is/en
電話：+354 488 7713
開放時間：6至8月每日10:00～17:30
景點座標：N 64° 07.204, W 19° 49.225

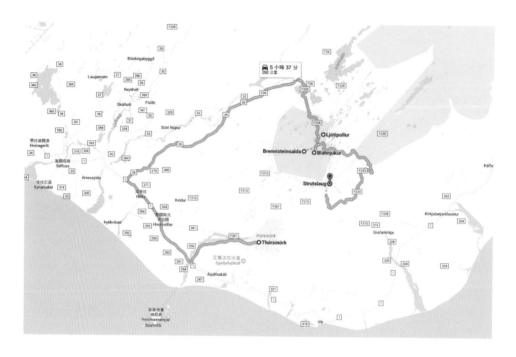

彩色火山
Landmannalaugar National Park

　　有人說：「冰島的冬天是灰的，夏天是綠的，而Landmannalaugar則是彩色的」，就是在形容彩色火山色彩繽紛的獨特樣貌。Landmannalaugar是Hekla火山附近生成的特殊地形區，地質因受到火山活動影響而呈現黃、紅、橘、藍等各種不同的色彩，因而被稱作是彩色火山，是不少冰島人心目中覺得冰島最美麗的地方，也是冰島第三大的地熱區，豐富的溫泉跟地熱，讓官方在此設立了不少健行步道可供遊客健走。冰島旅遊協會為了因應日益增加的遊客需求，在此設立了附設公共衛浴的小木屋，最多可容納75人入住。在旺季期間，這裡甚至還有販售咖啡飲料的小型商店及騎冰島馬的行程可供遊客選擇。

索爾山谷 Þórsmörk
藍峰 Blue Peak（Bláhnjúkur）

　　整座山頭遍布熔岩及火山灰而形成的藍黑色砂礫，從山頭上可眺望周圍五座冰川。

硫磺波峰
Sulphur wave（Brennisteinsalda）

　　高度為855公尺，為彩色火山國家公園中的一座火山，因硫磺而導致山區覆滿藍黑色的火山灰，加上翠綠的火山苔及鐵質氧化後的紅色土壤，令山頭像個五顏六色的畫布。

醜水坑
Ugly Puddle（Ljótipollur）

　　國家公園南端的一座火口湖，附近地質因鐵質氧化而呈現鮮豔的紅棕色，火口湖內滿是鱒魚。

地熱池
Holmsarbotnalaug（Strútslaug）

　　坐落在冷水溪旁邊的一處天然地熱池，池水由地底冒出的地熱經過加熱後，再由當地居民利用石子隔成天然的溫泉池。

費用：依照行程略有不同（多數行程僅夏季開放）
網址：https://www.south.is/en/place/landmannalaugar-nature-reserve
開放時間：00:00～24:00
景點座標：N 063° 59.2686, W 19° 3.3288

小叮嚀

前往彩色火山的路段，因夏季雨量充沛經常導致沿途溪水氾濫，冒險涉溪渡河非常危險，觀光客即使是租四驅車，還是不要輕易前往，建議可從雷克雅維克市區搭乘彩色火山接駁車或參加當地登山旅遊團，這些旅遊團有設備較適合越野的車款，駕駛涉溪經驗也更為豐富。請參考Chapter 5「當地活動Local Tour篇」。

凱瑞斯火口湖
Kerid Crater（Kerið）

這座火口湖形成於6500年前，總長270公尺，寬達170公尺，火山口的深度則高達50公尺之深。湖水因富含礦物質與水深的關係，因此在陽光的照射之下會呈現夢幻的藍綠色調，好像平原上的一面琉璃鏡子般。

費用：ISK 450
網址：https://kerid.is/
開放時間：00:00～24:00
景點座標：N64° 02.497, W20° 53.147

費用：免費
開放時間：00:00～24:00
景點座標：N63° 59.298, W19° 40.249

海克拉火山 Hekla

海克拉火山Hekla是冰島最著名也最惡名昭彰的火山。這座被冰島當地稱為「通往地獄之門」，主要是因為它坐落在一條長達50公里、有多個火山口串連而成的火山脊，因而導致這座火山活動頻繁且猛烈。西元前1100年曾有一次巨大規模的噴發，在噴發後的數年甚至造成全球氣溫顯著下降，是這一千年中規模最大的一次火山噴發，而2000年以後海克拉火山則是平均約每10年噴發一次，地底的火山活動非常頻繁。由於山頂上經常因煙塵及地形關係而雲霧繚繞，便取名為Hekla，冰島文原意即是罩頭斗篷之意。

沿海地區

塞里雅蘭瀑布 Seljalandsfoss

　　說到冰島的瀑布，除了幾個水量充沛驚人的大型瀑布之外，小品瀑布中最為人所知的就屬這座塞里雅蘭瀑布了。這座瀑布的高度有60多公尺，最大的特色在於瀑布後方有條羊腸小徑，遊客可以從小徑走到瀑布的後面，就像西遊記中描述的水濂洞一般，因此被暱稱為「水濂洞瀑布」。天氣晴朗時，不僅有機會在水濂洞瀑布的後方見到小彩虹，甚至在夕陽西下時有機會從瀑布後方拍攝到瀑布宛如面紗一般罩著夕陽的絕美景致，因而被票選為冰島最美的瀑布之一。

(Info)

費用：免費
開放時間：00:00～24:00
景點座標：N 63° 36.9418, W 19° 59.3821

野溪溫泉 Seljavallalaug

　　野溪溫泉位於水濂洞瀑布及彩虹瀑布之間，是個免費開放的天然露天溫泉，溫度介於25～35度之間。這座溫泉池是在1923年，冰島居民Bjorn Andrésson Berjaneskoti為了讓孩子們有個安全的泳池可學習泳技而建造的，是冰島目前仍在使用的溫泉池中最古老的一座，池子長度為25公尺、寬度10公尺，雖然一度因為火山爆發而廢棄，但後來仍舊靠著當地志工的清潔以及遊客的愛護而得以持續使用，泳池旁有更衣室可供遊客使用，在此一邊享受露天風呂一邊欣賞冰島山景，可謂人間一大樂事。停車空地位於溫泉池不遠處，需步行15至20分鐘才能到達溫泉所在地。

(Info)

費用：免費
開放時間：00:00～24:00
景點座標：N63° 33.936, W19° 36.456
停車場座標：N63° 33.535, W19° 37.339

彩虹瀑布
Skógarfoss

這座寬25公尺、高60公尺的瀑布與水濂洞瀑布一樣同屬冰島十大最美的瀑布之一。彩虹瀑布之所以會有名，主要是因為瀑布的方位正好面向南邊，而冰島正好因地處高緯且日照角度偏南，只要在有陽光的天候下，斜射的日光照在瀑布前方的水霧上，就會形成一道完整的彩虹。據當地人說，有陽光時看到彩虹的機率高達95%！沿著瀑布旁的羊腸小徑向山坡上

費用：免費
開放時間：00:00～24:00
景點座標：N 63° 31.9298, W19° 30.6636

爬，可以抵達山頂的觀景平台，平台的位置正好架在瀑布的斜上方，底部是用鋼筋和鐵網組成，因此站在平台近距離觀賞腳下面的瀑布，震撼的程度並不亞於其他瀑布。瀑布河岸邊有幾座緊鄰的農場，因此周圍青蔥翠綠的山坡上都看得到綿羊群，景觀煞是有趣。

傳統草屋博物館
Skogar Museum（Skógasafn）

冰島的傳統草屋 Turf house是冰島南部居民的傳統特色建築，因為南部的地質因為大多由玄武岩構成，所以當地的居民就利用玄武岩當作房屋的牆壁和頂棚，並且以漂流木搭建成牆面，並且在玄武岩屋頂上方鋪上草皮以遮蔭，與周圍翠綠色的草原融為一體的特色建築像極了魔戒裡的場景，頗有童話般的可愛氣息。這座傳統草屋博物館是由冰島當地居民捐獻，位置就在彩虹瀑布東邊大約5分鐘左右的車程，傳統草屋博物館園區內除了三棟可愛的南方茅草屋以外，還可以參觀園區內的運輸博物館、咖啡廳、學校、農舍和教堂。

費用：成人：2,500 kr／學生、長者：1,800 kr／12～17歲：1,500 kr／12歲以下免費／家庭套票（兩位成人一位小孩）：6,000 kr
網址：http://www.skogasafn.is/
電話：+354 487 8845
開放時間：6至8月 09:00～18:00／9至5月 10:00～17:00
景點座標：N 63° 31.5531, W19° 29.4039

黑沙灘自然保護區
Kirkjufjara beach

　　南部沿岸著名的就是長達3公里左右的黑沙灘。形成原理是火山爆發後產生的黑曜石經過海水不斷沖刷堆積，逐漸將原本巨大的岩塊雕琢成一粒粒細小的黑色砂礫，堆積出這片美麗而特殊的黑色沙灘，天氣好的時候，還可以看到黑曜石在沙灘上閃閃發光。雖說因為冰島有許多活火山，但位在維克鎮的這片沙灘除了黑色砂礫海岸之外，沿岸還有玄武岩石壁、海蝕洞、海蝕離島等大大小小的奇異景觀，因此是整個冰島黑色沙灘中是最美也最有名的，美國《島嶼雜誌Islands Magazine》在1991年還曾經將維克鎮的黑沙灘列為世界十大最美海灘之一。

費用：免費
開放時間：00:00～24:00
景點座標：N63.40291, W19.10577
備註：停車場旁有付費公廁

路線建議
黑沙灘自然保護區可以從Dyrhólaey跟Reynishverfisvegur兩個路線進入，其一是從沙灘的西側，也就是距離海蝕洞較近的Dyrhólaey；另一是從沙灘的東側Reynishverfisvegur進入，此處距離玄武岩小精靈較近。若逆時針行經一號公路，在海鸚季節時(通常是5月初至6月中)，下方道路仍可供車輛行駛，但上方道路則僅限步行進入（開放時間為9:00～18:00）。

玄武岩海蝕洞
Dyrhólaey Arch

　　位於黑沙灘外海一塊岩石下方的海蝕洞，其形成是由於8萬年前一次海底火山爆發，岩漿自海底噴發後在外海處凸起了120公尺的海岬，但因為長年的海蝕作用而被海浪侵蝕出底部的中空而成了海蝕洞地形，看起來像是一個延伸出海面上的拱橋一般。外海有座孤立的玄武岩小島Reynishverfi，小島及海蝕洞沿岸皆是海鸚Puffin棲息之處，每年5-6月會有大量海鸚群聚於此產卵。

玄武岩岸燈塔
Dyrhólaeyjarviti

　　這座位在玄武岩海蝕洞後方山丘頂端的燈塔興建於1910年，純白色水泥外型搭配上頂部艷紅色的煙囪，是黑沙灘附近最醒目的地標。燈塔位居附近海岸線的制高點，正好可以把附近所有的景色盡收眼底。

座標：N 63° 24.133, W 19° 07.843

玄武岩石壁
Reynisfjara

　　當火山爆發時，地下岩漿從地表裂隙中溢出，觸碰海水後迅速冷卻而形成了石柱條狀的解理，長年經海浪拍打之後才逐漸形成層次分明的玄武岩石壁。站在石壁底下才顯得人之渺小，親眼見到真的不得不佩服大自然的鬼斧神工。

座標：N 63° 23.9710, W19° 7.5834

玄武岩小精靈
Reynisdrangar

　　豎立在海岸線外的玄武岩石柱，也

座標：N 63° 24.186, W 19° 01.831

座標：N 63° 24.247, W19° 2.7266

是冰島人口中的「海上小精靈」。這幾座玄武岩石柱其實跟其他石柱沒有甚麼兩樣，但因為位置比較靠近維克鎮，加上冰島外海在夜間時經常會泛起陣陣的霧氣，當籠罩在霧氣和昏暗夜色之下，冰島人一度將這幾個石柱誤認成小精靈，因此有其封號。另有一種說法是：從挪威來的小精靈，在快要抵達冰島時卻沈船了，於是小精靈和船就變成了石柱，永遠的守護在冰島南邊的外海上。

西南部地區的行程建議

行程規劃	4-5天
初抵冰島－藍湖－南部半島景點（板塊交接橋、地熱區等） ● 下榻雷克雅維克Reykjavík	Day1
雷克雅維克市區觀光 ● 下榻雷克雅維克Reykjavík	Day 2
中部彩色火山一日遊 ● 下榻雷克雅維克Reykjavík	Day 3
南部內陸景點 (國會舊址國家公園、黃金瀑布、間歇泉等) ● 下榻賽爾福斯Sellfoss	Day 4
南部沿海景點 (水濂洞瀑布－彩虹瀑布－維克鎮玄武岩岸等) ● 下榻維克鎮 Vik	Day 5

美軍飛機殘骸Crashed DC-3 Plane

1973年時，一架美國海軍Douglas Super DC-3機型的運輸機墜毀於冰島的Sólheimasandur海灘，機身殘骸至今一直留於此處。金屬機身經過長年累月的風蝕及化學作用而多處損毀，其剛硬的線條及頹敗的色彩搭配上冰島荒野景色，成為許多遊客及攝影師造訪冰島的必遊之地。近年由於觀光客人數眾多，當地設立了專門的接駁車，旅客只需抵達接駁站外的停車場轉乘接駁巴士即可。此接駁班車約45分鐘一班，來回費用約為ISK 2,900。車上座位約50人，不提供站位，欲前往者，請先上網預約。https://www.arcanum.is/tours/the-plane-wreck-shuttle/

東南部及大城

傳統草屋博物館
巨石湖
巨人城牆
埃伊爾斯塔澐
塞濟斯菲厄澤
歷史文化中心
斯菊福斯托卡遊客中心
金字塔聖山
都皮沃古爾
瓦爾內斯燈塔
赫本Höfn
瓦特納冰川國家公園
傑古沙龍冰河湖
羽毛河大峽谷

南部冰川區的景點

　　南部區域內重量級的兩大景點：史卡福特國家公園Skaftafell National Park和傑古沙龍冰河湖Jokulsarlon Lagoon就分別是瓦特納冰原下游的兩座冰川。冰原下方的格里姆火山Grímsvötn是該區最活躍的火山，大約每隔5～10年爆發一次，冰中分佈著熔岩流、火山口和熱湖。20世紀以來，格里姆火山與瓦特納冰原的結合充滿著衝突與和諧的地理現象，也因此冰島被稱為名符其實「冰與火的國度」。

Tips **冰島東部官方網站：**
http://www.east.is/

羽毛河大峽谷
Feather River Canyon（Fjaðrárgljúfur）

　　這個高度達330英尺的峽谷經過河流數百萬年的侵蝕作用而切割出一條深邃而絕美的峽谷，也成為羽毛河上最美麗的風光。此大峽谷被譽為世界上最美麗的峽谷，兩岸的峭壁上長滿了綠色的青苔，襯托著峽谷內冰藍色的河水，色彩繽紛濃郁。峽谷夏季陽光普照時映照河水更為冰藍透明，周圍藍色及綠色的豐富色彩像極了一幅油畫；而冬季時周圍滿布的白雪又將峽谷妝點得有如仙境般夢幻。峽谷的位置距離教堂鎮（Kirkjubæjarklaustur）不遠，從停車處抵達這個峽谷前要先步行過一段崎嶇難行的碎石路，不過沿途步行路線規畫完整且清楚，絕對值得花上半天時間來此造訪。

費用：免費
開放時間：00:00～24:00
景點座標：N 63° 46.279, W 18° 10.316

傑古沙龍冰河湖
Jökulsárlón Lagoon

　　傑古沙龍冰河湖是冰島舉世聞名的鑽石級景點，將它形容成「皇冠上的寶石」也不為過，位於瓦特納冰原南端。冰河湖的出現最早可追溯到1934年左右，冰原向下擠壓出冰川後，在此處形成湖泊最終流入大海。冰河湖形成初期的面積其實比現今的面積小，然而1970年代開始受到冰河大量消融的關係，傑古沙龍冰河湖的面積不斷擴大，現今的湖面總面積為18平方公里，湖深200米，為冰島第二深湖。由於冰河湖位於出海口與大海交界，使得湖面的鹽度提

遊船費用：價位依年齡、船型而有所不同，詳情
　　　　　請見「Local Tour」章節
網址：http://icelagoon.com/
電話：+354 860 9996
開放時間：9:00～17:30
景點座標：N 64° 02.800, W 16° 10.761

高，因而讓冰河湖長年可以維持在流動不結冰的狀態。冰河湖對面的黑沙灘上擱淺著許多被海浪沖回岸邊的巨大冰塊，在陽光照射下好似一塊塊晶瑩剔透的鑽石，因此被遊客們美稱為「鑽石冰沙灘Diamond Beach」，是全世界攝影愛好者票選出的絕佳拍照聖地。冰河湖不須門票即可進入，湖面上有兩家船公司提供冰河湖遊船服務。

瓦特納冰川國家公園
Vatnajökull National Park

在1968年時，靠近一號公路沿海的史卡福特冰川首度被冰島政府規劃為史卡福特冰川國家公園，這一區因地理位置較易到達，因此也是目前旅遊活動最為盛行的冰川之一。2008年，冰島政府再度將該區域的國家公園範圍擴大，將原本位於冰原北方的傑古沙龍國家公園一併納入其範圍內，擴大後的公園總面積約為8100平方公里，占冰島國土總面積的14%，由此可見冰原面積之廣。瓦特納冰川國家公園有三個遊客中心，包括南部的史卡福特遊客中心Skaftafell Visitor Centre、東部的斯耐福斯托法遊客中心Snæfellsstofa Visitor Centre和北部的阿斯比吉遊客中心Ásbyrgi Visitor Centre。國家公園南端的史卡福特冰川至今仍是景點較易到達且資訊最充足的區域，附近許多景點可供遊客自行前往欣賞，也有合格的旅行團提供單日或多日的冰川健行、冰原摩托車等行程可以付費參加。

史卡福特冰川前端
Skaftafellsjökull

史卡福特冰川的前端，從這裡可以近距離欣賞到冰川的壯麗風光。

玄武岩瀑布
Svartifoss

這一區的斷層山壁均由六角形的玄武岩柱構成，因四周被黑色熔岩柱環繞，襯托著後方的巨大玄武岩石柱更顯特別，所以此瀑布也被稱之為「黑瀑」。

冰川景觀台
Sjónarsker

位在玄武岩瀑布稍遠處的冰川觀景平台，在此可以瞭望整條冰川絕美景觀，以及周遭壯闊的自然風光。

傳統草屋
Gömlutún

坐落在國家公園內的農場，農場中有三棟冰島傳統草屋，外觀造型可愛宛如童話中才會出現的房屋。

觀景步道
Skaftafellsheiði

這條步道是欣賞冰川最佳的觀景點，因地勢較高的關係，可以從高處遠眺整座冰川從山頂淌流而下的景色。但因高地氣候較不穩，須留意天氣變化。

冰原健行路線推薦

若是行有餘力、或尚有充裕時間待在冰原區，很推薦走一段國家公園內的健行步道，更近距離一覽各種冰川地貌。健行路線有難易度之分，距離從3公里多到18公里的路線都有，沿路會經過上述必訪景點。

安全小叮嚀

冰川的前端因為不斷被擠壓的關係，整個冰川上面充滿了冰脊和冰谷，如果不小心跌落，周圍的冰會因為體溫而逐漸融化，導致身體越卡越死、越陷越深，最後容易因肺部缺氧加上周圍冰塊擠壓，而讓肋骨碎裂缺氧死亡，非常危險。雖然說冰川距離公路都不算太遠，但如果想要走上冰川，建議絕對要有專業的嚮導帶路才能確保安全。

費用：遊客中心免費／冰川健行等相關活動請見 Chapter 5「當地活動Local Tour篇」
網址：https://en.vatnajokulsthjodgardur.is/en
電話：+354 575 8400
冰川活動開放時間：十二至三月 10:00～16:00／四至五月 09:00～17:00／六至八月 08:00～20:00／九月 09:00～19:00／十至十一月 10:00～17:00
景點座標：N 64° 0.8010, W 16° 57.6223

冰川頂峰
Kristínartindar

這座山峰可說是史卡福特冰川的制高點，攀登上頂峰可將周遭山群及冰川景色飽覽眼下，是體力絕佳的健行者絕對要造訪之處。

冰川觀景點
Sjónarnípa

另一個欣賞史卡福特冰川的觀景點，觀賞角度為冰川旁邊的小丘陵上。

東部峽灣區的景點

冰島東部地區以深邃的峽灣造就了以漁業維生的天然環境，也因此小鎮大多分布在峽灣邊，地理限制的關係造成小鎮規模通常不大且臨鎮之間距離極為分散，然受惠於得天獨厚的峽灣自然風光，特殊而優美的景觀也使得近年東部地區的觀光業開始蓬勃發展。過去這個地區因為受到挪威統治、移民以及西歐地區遠洋漁業盛行等影響，東部峽灣地區在文化、建築等方面均深具北歐特色。除此之外，該區地形特色造成峽灣內時常雲霧繚繞，加上近海洶湧的海象，讓此區充滿各式各樣的山妖、精靈等傳說，成為該區的一大特色。多元的文化色彩及豐富的神怪傳說也令東部博物館及展覽中心林立，是除了自然風光以外的另一個重頭戲。

Jöklaís牛奶冰淇淋

沿一號公路從冰河湖繼續往東走，會經過一家Brunnhóll民宿，同時也兼賣冰淇淋，原料取自於自家農場當天現擠的牛乳，標榜不含任何非天然的添加物，風味極佳，若有時間經過此地可以嘗試看看。

(Info)

地址：Brunnhóll, Mýrar, 781 Hornafjordur
電話：+354 478 1029
網址：https://brunnhóll.is/joklais/
景點座標：N 64.292256, W 15.431084

景點座標：N 64.249989, W 15.205875

赫本 Höfn

從冰河湖沿著一號公路往東走，就會經過赫本小鎮，屬於東南部的第二大漁村，因鄰近瓦特納冰原，許多要參加冰原活動的人都會選擇在此鎮過夜。Höfn在冰島語中代表漁港，整個小鎮位於一座半島上，其港口三面環海，也是東南部少數擁有港口的城鎮之一。因漁獲豐富，只要來到赫本，都會選擇在這裡大啖海鮮。

瓦爾內斯燈塔
Hvalnes Lighthouse

這座橘黃色燈塔是觀賞鄰近風光的好地方，在燈塔所在的小丘陵上，便可綜覽位於內陸的伊斯特拉霍恩山Eystrahorn。它是東南沿海靠近一號公路邊的一座巨大岩山，高度約756公尺，山坡上全是由長輝岩風化而成的碎石塊，加上山勢險峻陡峭的關係，所以經常有小面積的石塊崩落，並不適合攀

Pakkhús Restaurant龍蝦餐廳

赫本是冰島著名的「龍蝦鎮」，若有經過赫本的話很推薦在這裡停留大啖海鮮。這間由赫本港口的倉庫改建而成的龍蝦餐廳，是旅客常光顧的一間。除了海鮮以外，也有羊肉料理可供選擇。

Info

地址：Krosseyjarvegur 3, 780 Höfn í Hornafirði
電話：+354 478 2280
網址：http://pakkhus.is/menu/
價位：2,990～8,990 kr
開放時間：12:00 ～ 21:00
景點座標：N 64.25016, W 15.20392

爬。但因這座山的植被滿是金、銀及水銀等礦物質，經過長年化學氧化作用讓岩山外觀呈現豐富多變的色彩，而從瓦爾內斯燈塔所在的山丘上眺望，便是最佳的觀景點。

(Info)

開放時間：00:00～24:00
景點座標：N 64° 24.140, W 14° 32.406
圖片來源：EL BAKLAN

金字塔聖山
Búlandstindur

這座聖山高度約為1069公尺，外觀從某個角度觀賞時會呈現均衡對稱的金字塔狀。傳說在夏至當天對著金字塔聖山許願，就能夠實現願望。該山峰因其特殊易辨別的外觀及有趣的傳說而成為著名地標景色。從聖山小鎮Djúpivogur往西北邊看，即可欣賞到金字塔聖山風光。

(Info)

景點座標：N 64° 41.662, W 14° 25.143

聖山小鎮－都皮沃古爾
Djúpivogur

這座沿海的漁港小鎮發源於西元1589年，初期是由遠洋漁人群聚興起的聚落，鄰近地區景色優美，近年吸引了不少遊客前往小鎮觀光，從小鎮往西北邊可以遠遠看見當地人口中的「金字塔聖山Búlandstindur」，也因此吸引不少人前往

網址：https://visitdjupivogur.is/
地址：遊客中心 Bakki 1, 765 Djúpivogur
電話：+354 470 0700
景點座標：N 64° 39.450, W 14° 16.994

一睹聖山的盧山真面目。小鎮規模不大，鎮上有一間主打自家手作蛋糕的美味咖啡廳，另有多間雕刻展覽館，展示著冰島雕刻家的原創作品。鎮上的建築Langabúð是座興建於1790年的古蹟，現今則已改建為小鎮的遊客中心。附近的兩座湖泊－Álftafjörður及Hamarsfjörður為非常豐富的鳥類棲息處，是賞鳥人士值得探訪的景點。小鎮沿海的堤防是一座由34顆鳥蛋排列而成的裝置藝術，名為鳥蛋海岸（Eggin í Gleðivík），這些巨大渾圓的鳥蛋是冰島藝術家從中國進口花崗岩，並仿照當地鳥類所雕刻出來的，鳥蛋沿著岸邊排列，全長250公尺，造型特殊又可愛。

巨人城牆
The Troll's wall（Skessugarður）

　　巨人石牆總長300公尺，高度達5公尺，是冰島許多不可思議的自然結構之一。不過撇除穿鑿附會的傳說不提，實際上這道石牆是在冰河時期因冰河水融化，玄武岩石塊受到水流滾動堆積而形成的，待冰河時期過去河水退卻後，就露出了這一道宛如巨人築砌起的石塊高牆。

景點座標：N 65° 16.950, W 15° 35.109

峽灣小鎮－塞濟斯菲厄澤
Seyðisfjörður

這是座身處在峽灣灣底的小鎮，距離東部大城埃伊爾斯塔濟及環島一號公路約有27公里的距離，需要離開一號公路橫跨92號公路才能抵達。因其位在峽灣內的獨特地理位置，四周群山環繞，南北各由兩座山脈－strandartindur及Bjolfur作為天然屏障，後方則有Fjarðará河直通入海，因此在小鎮通往內陸的河岸切割出大大小小的溪谷和瀑布，從鎮上的健行路線往上游走去，沿途可見到高達20座瀑布，數量和景色均堪稱壯觀。小鎮鎮上的房屋也有其可看之處，幾乎每一家的房舍外觀都塗上了五彩繽紛的油漆，讓整座小鎮充滿童話般的氣氛，鎮上最大的教堂外觀還是粉嫩粉嫩的淡藍色呢！這座小鎮規模雖小，但被旅遊聖經《Lonely Planet》評為冰島最美的小鎮之一，若時間充裕，值得前往一探究竟。

(Info)

網址：www.visitseydisfjordur.com/
地址：Ferjuleira 1, Seyðisfjörður，遊客中心位於渡輪碼頭裡
電話：+354 472 1551
遊客中心開放時間：星期六、日 08:00～16:00
船班時間：塞濟斯菲厄澤有大型渡輪往來法羅群島及丹麥。自塞濟斯菲厄澤出發的船班時間請參考：https://portsofmulathing.is/cruise-ship-arrivals/
景點座標：N 65° 15.4069, W14° 0.4208

歷史文化中心
Center of Culture and History（Skriðuklaustur）

位在霍爾斯沃德呂爾村Fljótsdalur的這座歷史文化中心是遊客們了解冰島東部文化的最佳地點。這座歷史文化中心所在的建築物本身就是個非常值得觀賞的景點，是興建於1939年的文化遺跡，也是冰島最有價值的古蹟建築之一，文化中心內部展覽當地文化遺產

及相關文化活動，提供遊客們深入了解東部文化。文化中心的主要建築物旁還有另一座16世紀的奧古斯丁修道院，是2012年發掘的古蹟。該建築距離東部最大城埃伊爾斯塔濟Egilsstaðir約39公里的距離。

Info

費用：成人：1,200 kr／學生：850 kr／老人 650 kr／團體另有折扣
網址：skriduklaustur.is
地址：Fljótsdalsvegur，701 Egst
電話：+354 471 2990
開放時間：四至五月、九至十月 11:00～17:00／六至八月 10:00～18:00／冬季：不定時開放，請事先查詢
景點座標：N 65° 02.485, W 14° 57.195

斯耐福斯托卡遊客中心
Snæfellsstofa Visitor Center

　　斯耐福斯托卡遊客中心建立於2010年6月，位置就在歷史文化中心Skriðuklaustur的隔壁，遊客中心的內部除了展示冰原東部的各種地形地貌景觀，也提供遊客相關的冰原健行及登山諮詢服務。這一區的冰川所在的位置較為險峻，因此想到冰原東部的兩大熱門景點－Kverkfjoll及Snaefell兩大火山，都必須參加當地的旅遊團搭乘吉普車前往。東部冰原的健行路線有10條可供選擇，距離從最短程的12公里到最長程的50公里都有，沿途不僅可見到火山、冰川等多種地形地貌，這一區也是多種野生動物的棲息地，像是冰原狐、麋鹿及各種野鳥均有機會在健行旅途中一睹芳蹤。

Info

網址：https://www.vatnajokulsthjodgardur.is/svaedi/snaefell/snaefellsstofa
地址：Skriðuklaustur, 701 Egilsstaðir
電話：+354 4700840
開放時間：五月及九月平日 10:00～16:00 週末 12:00～17:00／六月至八月10:00～17:00／十月 週二三 10:00～15:00／冬季需預約
景點座標：N 65° 02.601, W 14° 57.008

東部大城－埃伊爾斯塔濟
Egilsstaðir

這個緊鄰著Lagarfljót峽灣的城鎮是冰島東部規模最大的小鎮,若您是自駕環島,一路只有牛羊和自然風光相伴,行駛到此應該會有種「總算看到一個比較像樣的城鎮」的感覺。此鎮是冰島政府在1947年才建立的城鎮,鎮上人口將近2200人,由於一號公路有經過此鎮,也因而讓此處成為冰島南北連接的重要交通樞紐,不少冰島商業機構都在此設立分行,也有幾間加油站及大型購物中心,附近的旅館及民宿也較多選擇。鎮旁的Lagarfljót峽灣傳說自1345年開始便陸續有當地居民聲稱在水面上看到水怪,據說在15世紀時還曾經因為水怪巨大的身軀躍出水面,濺起的水花甚至讓鄰近的農莊造成重大損失,若是對冰島的峽灣水怪傳說有興趣的,不妨前往一探究竟。

Info

網址:http://www.visitegilsstadir.is/en
地址:Kaupvangur 17, 700 Egilsstadir
電話:遊客中心 +354 470 0750
開放時間:10～4月 周一至周五 8:30 - 12:30／
        6～8月 每日7:00～23:00
景點座標:N 65°15.509, W 14°24.539

巨石湖
Stórurð (Hrafnabjargaurð)

冰島東部峽灣地區路線較為崎嶇蜿蜒,加上多數景點不是身處在極難到達的峽灣內,就是位在靠近冰原國家公園、無道路可到達的荒境,因此也衍生出這一區各式各樣的健走路線。最為健行界知名的徒步路線就是水灣之路(Víknaslóðir hiking trails),沿途景色包括壯闊的山川峽谷、廣闊的平原和深峻的峽灣,集結了各種冰島的獨特景觀,其中最著名的景點便是巨石湖。這座面積不大的內陸小湖泊周遭遍佈著綿

軟的綠色苔蘚，湖水則因礦物質的關係而呈現美麗的藍綠色，而水潭中堆疊著一塊塊的巨石，景色宛如童話。從車子可達的道路到此湖之間需要步行約2個小時。附近的Húsey鎮沿海時常可見海豹出沒，鄰近的樹叢也有機會見到馴鹿的身影。

傳統草屋博物館
Bustarfell Museum

　　這棟位在Vopnafjarðarhreppur小鎮上的冰島傳統草屋，是目前冰島國內保存最完整、規模大也最美麗的傳統草屋建築，博物館內部展示了過去冰島傳統農家從18世紀到20世紀中葉其生活方式的轉變。博物館內提供英文導覽行程。

費用：成人：ISK 1,200／9～12歲兒童：ISK 300／12歲以下免費
網址：https://www.facebook.com/bustarfell
電話：+354 855 4511
開放時間：6至9月 10:00～17:00／其餘月份時間未定
景點座標：N 65°36.915, W 15°05.978

行程：欲健行建議參加當地旅行團Tour
網址：https://visitegilsstadir.is/en/hiking/storurd-2/
開放時間：00:00～24:00
圖片來源：https://www.iceland-dream.com/
景點地標：N65°30,88-W13°59,79

Nielsen restaurant

若是有時間在埃伊爾斯塔濟大城歇腳，不妨到這間Nielsen restaurant喝個下午茶或飽餐一頓。外觀是可愛的小屋，據說是歷史悠久的老建築，內裝佈置溫馨。許多人推薦店家自製的甜點蛋糕。

地址：Tjarnarbraut 1,700 Egilsstaðir
電話：+354 471 2001
網址：https://nielsenrestaurant.is/?lang=en
價位：1,990～14,900 kr
開放時間：星期二至六 11:30～21:00，日一公休
景點座標：N 65.40644, W 14.25524

東南部地區的行程建議

行程規劃	4-5天
羽毛河峽谷、冰河湖遊船＆鑽石沙灘 ● 下榻赫本鎮Hofn	Day 1
冰河健行＆瓦特納冰川國家公園健行 ● 下榻赫本鎮Hofn	Day 2
Hvalnes燈塔及沿岸＆聖山小鎮Djúpivogur ● 下榻埃伊爾斯塔濟Egilsstaðir	Day 3
驅車深入Seyðisfjörður峽灣風光，順道走走白日夢冒險王主人翁滑板的93號公路 ● 下榻埃伊爾斯塔濟Egilsstaðir或峽灣小鎮塞濟斯菲厄澤Seyðisfjörður	Day 4
巨人城牆、傳統草屋博物館Bustarfell Museum ● 離開東南部地區	Day 5

地圖標示：
赫里斯島　胡薩維克　馬蹄峽谷
阿庫瑞里　上帝瀑布　魔鬼瀑布
地熱發電廠　小地獄火口湖
黑色城堡　米湖周邊景點
Aldeyjarfoss瀑布
Hrafnabjargafoss瀑布

Tips 冰島北部官方網站：
http://www.northiceland.is/

東北部及大城

峽谷國家公園
Jokulsargljufur
National Park

　　極北部地區除了極圈內的小鎮胡薩維克之外，其餘的地形景觀大多位在峽谷國家公園內。這座公園是瓦特納冰川國家公園的北部區塊，不同於國家公園南端大多以冰川為主的地理樣貌，北部區域則是以峽谷斷層為最大特色，Jokulsargljufur峽谷長25公里、寬約500公尺、深度約在100公尺上下，是冰島最大的峽谷，其形成的原因是由於上一次冰河世紀時，Vatnajökull的支流Jokursa因火山爆發引發的毀滅性洪流所形成。國家公園內瀑布及斷層峽谷遍布，擁有冰島其他地區沒有的地理景觀。

Hrafnabjargafoss瀑布

　　Hrafnabjargafoss瀑布源自於冰島北部一條水勢磅礡的Skjálfandafljót冰川河，從冰帽所在的高原往北部匯流入海。沿途地形經過多次火山爆發及洪流沖刷，因此將地形切割出高低起伏的地勢落差，而在這條冰川河沿途形成了三個瀑布，依次是：Hrafnabjargafoss、Aldeyjarfoss瀑布及上帝瀑布Godafoss。這座瀑布雖沒有上帝瀑布的氣勢磅礡，峽谷被切割成蜿蜒曲折的樣態卻別具特色，冬天被大雪覆蓋後的景色尤其迷人。

景點座標：N 65° 20.381, W 17° 20.369

Aldeyjarfoss瀑布

　　Aldeyjarfoss瀑布是Skjalfandafljot冰川河上的第二個瀑布，高度達20公尺。這座瀑布最具特色之處在於斷層處玄武岩的節理，與冰島南部瓦特那國家公園內最著名的玄武岩瀑布Svartifoss有異曲同工之妙，從上流傾瀉而下的純白水柱與後方黑色玄武岩柱群形成強烈又違和的鮮明對比，絕對是值得一探的秘境瀑布美景。

景點座標：N 65° 21.988, W 17° 20.227
圖片來源：https://guidetoiceland.is/

胡薩維克
Húsavík

位於思喬爾萬迪灣的一座美麗而古老的小鎮,鎮上人口僅2300人,規模很小卻能在國際上揚名,主要是得力於附近多元的海洋生態及豐富的漁場,由於北大西洋暖流流經此處外海,吸引了大量海洋動物群聚於

Info
地址:Hafnarstétt 1 and Vallhol tsvegur 9,640 Húsavík
網址:http://www.visithusavik.com/
電話:+354 860 1088
景點座標:N 66° 02.735, W 17° 20.636

此,其中海豚及鯨魚更是這裡的常客,因此成了冰島賞鯨的主要小鎮,根據當地賞鯨公司貼出的統計資料,在旺季時出海賞鯨,看到鯨魚的機率高達99.1%!也是全歐洲唯一一個以鯨魚為城市行銷的都市,每年都有大量喜愛海洋生物的遊客們遠從世界各地前來參加賞鯨行程,常見的有座頭鯨、小鬚鯨、白色突吻海豚及鼠海豚等,是舉世聞名的「賞鯨之都」。若不想出海,也可以到鯨魚博物館參觀。

魔鬼瀑布
Dettifoss

Info
景點座標:N65° 48.726 W16° 23.972

　　這個因電影《普羅米修斯》裡外星人一縱而下揚名國際的瀑布－魔鬼瀑布，因其上游水源來自冰河的關係，匯集了來自冰島東北部大面積的水量，造就了這座寬度 100 公尺、高度達44公尺的巨大瀑布，魔鬼瀑布也因此被認定為歐洲地勢落差最高且水勢最為洶湧的瀑布，枯水期約有每秒200立方公尺；夏季冰川融化令河水水量增加，流量更是高達500立方公尺。有陽光時有機會看到彩虹橫跨在瀑布上方。

馬蹄峽谷
Ásbyrgi Canyon

　　馬蹄峽谷是個玄武岩形成的峽谷地形，長約3.5公里、寬為1.1公里，高約100公尺，峽谷的形狀並非筆直狹長，而是一個半圓形的地層陷落地形，像極了被巨大的馬蹄踩踏而陷落一般，因此素有「馬蹄峽谷」的稱號，是自近1萬年前的火山爆發後，覆蓋在火山上的冰帽融化成洪水氾濫而下，進而將下游切割而形成。冰島民間傳說則對於馬蹄峽谷的形成有另一個解釋：據傳北歐神奧丁的座騎在此地踩踏，因而造成了馬蹄峽谷。攀登上馬蹄峽谷欣賞美景約耗時3小時。

(Info)

景點座標：N 66° 1.037,W 16° 29.9592
圖片來源：http://www.iceland24blog.com/

米湖周邊的景點

當足跡踏進北部以後，則開啟了一連串冰島火山的奇觀探險，尤其是Námafjall山附近的這塊絕美卻又充滿致命危險的Hverir火山地熱區，遠遠的就可以看到它上方正冒著熱騰騰的蒸氣，絕對會讓首度踏上此地的遊客們開了眼界。不同於一般人對火山的印象大多停留在灰色的火山泥和黑色玄武岩的單一色彩，這一區的火山礦物質和硫磺在與地表產生化學作用之後，像是被上帝不小心潑灑了彩色墨水一樣，五顏六色的顏料肆意飛舞在這片大地上。冰島除了西南部最著名的金圈之旅外，北部米湖附近的幾個大景點如胡薩維克海港Húsavík、馬蹄峽谷Ásbyrgi Canyon和魔鬼瀑布Dettifoss一起合稱為「鑽石圈之旅Diamond Circle」也是北部的重頭戲之一。

米湖 Mývatn

米湖是冰島北部著名的克拉夫拉Krafla火山區旁一座優養化的淺水湖，湖面面積為37平方公里，是約在西元前2300年前因火山爆發後形成的天然湖泊，四周留下

許多因火山熔岩冷卻而形成的火山地貌景觀，每年均吸引大量觀光客不遠千里前來探險。

景點座標：N 65° 35.855, W 17° 00.464

　　而米湖周邊則因豐富的鳥類自然生態而形成富含養分的濕地，夏季總會吸引大量的黑蚊聚集，米湖的湖名Mývatn即是來自冰島語mý（蚊）和vatn（湖），此處在夏天可說是名符其實的蚊子湖呢！

米湖溫泉
Mývatn Nature Baths

　　因為地熱頻繁的關係，米湖周遭有許多規模各異的溫泉池，其中米湖地熱溫泉就是鄰近溫泉裡面最大、也最有知名度的一個。這個溫泉的形成跟藍湖一樣，是由附近的地熱發電廠將降溫使用過的天然泉水排放進附近地勢低窪區而形成的半人工溫泉湖。這個溫泉會館的規模雖沒有藍湖大，設備也比藍湖溫泉簡陋，但相對的遊客人數比藍湖少，因此比較可以享受悠閒清淨的樂趣呢！而

費用：16歲以上成人 6,490 kr／13-15歲青少年 3,190 kr／學生、長者、行動不便者 4,290 kr／12歲以下孩童免費
網址：https://myvatnnaturebaths.is/
地址：Jarðbaðshólar, 660 Mývatn
電話：+354 464 4411
開放時間：10:00～23:00（若遇節日則有不同營業時間）
注意事項：頭髮泡到溫泉水泡後會非常澀難梳洗，所以長髮 女孩兒們泡溫泉前千萬記得要帶髮夾或是髮帶來綁頭髮。
景點座標：N 65° 37.8525, W16° 50.8738

最棒的泡湯時機其實是從黃昏到晚上的
這段時光，在微微的天光下不僅可以欣
賞周遭的湖光山色，待入夜以後，池子
邊的燈光打亮，又是另一番夜間泡湯風
情！如果好運碰上飄雪的夜晚，那種頭
頂雪花身體卻溫熱的感覺，嘗試過就不
會忘記！

火山地熱谷
Námafjall Hverir

Námafjall Hverir在冰島語意思是地
熱谷、溫泉的意思，Hverir泥漿地熱區
形成於2500年前，經年累月的地熱活動
導致該地區的泥土地表向下陷落，與蒸
汽混合後形成泥漿不停地滾燙沸騰，親
臨現場還能聽到啵啵聲響。而炙熱的蒸
氣自地表冒出後，遇到冰冷的空氣又凝
結成水珠，降落地面逐漸匯集成一條條
小河流，像是深深的刀疤將地表切割開
來，色彩絕美再加上四處的蒸氣直衝天
際而顯得有點詭異。附近的地表因大量
硫磺等礦物質的化學作用影響而呈現五
彩地貌。

(Info)

注意事項：整個地熱區雖然色彩繽紛的有如花
海，看似無害，卻因為驚人的高溫而
四處冒著白煙，請切記遵守規則走在
官方設立的步道上，不要任意跨越圍
欄唷！
景點座標：N 65° 38.4264, W16° 48.6135

　　1960年，美國為了執行登陸月球任務，決定把阿姆斯壯等太空人送到地熱谷來進行登月前的集訓，因為這裡的地貌是和月球地表最相近的地區，也就是因為如此，總會有人說：「如果沒有機會去月球，那就去冰島吧！」

地熱發電廠
Krafla Power Station

　　地熱發電廠是一座位在克拉夫拉火山下的發電廠，銀色的建築外觀和周圍的天然地熱景觀有種違和的反差感。發電廠最大的特色就是地熱的管線在公路的這一段是架在路面上的，為了讓車子可以通行，因此設計成一個「ㄇ」字型，所有車輛要上火口湖必須從這個拱門下通過，相當特別。自1977年起，這個地區的地熱能為發電廠提供超過60兆瓦的電力，冰島雖然是一個人口只有32萬人的小國，但幾乎全部電力都是利用再生能源提供，靠的就是遍佈各地的地熱和水力發電廠，大約四分之三是利用水力，剩餘的四分之一是利用地熱發電，冰島境內共擁有7座地熱發電站，總輸出功率為570兆瓦，真不愧是一個地熱大國。

景點座標：N 65° 43.0306, W16° 45.5939

小地獄火口湖
Viti

　　冰島語Viti是地獄的意思，是一個直徑100公尺的火口湖，和Hverir地熱區距離很近。因為在Askja火山附近還有另一個比較大的火口湖，所以這座的名字才被取為小地獄。這個火口湖是在1724年火山爆發所形成，火山口湖內的水因為角度的關係而呈現美麗的漸層綠，冬天的時候配上湖岸皚皚的白雪，頗為夢幻；而夏季時甚至有遊客會跳進

湖裡游泳呢！遊客可以沿著湖岸四周高起的地面欣賞四周風景，走完一圈約需耗時15分鐘。

景點座標： N 65° 43.055, W 16° 45.312

地洞裂谷溫泉
Grjótagjá cave

　　地洞溫泉的形成是由於地處北美和歐亞板塊的交界處，因板塊活躍而導致這片大地被撕裂出一道長長的裂谷，再加上地熱頻繁活動導致泉水被地熱加溫，因而形成了天然的地洞溫泉。進入洞穴後會看見裡面充滿著巨大的碎石堆，每個石塊都將近人的半身高，若想

安全小叮嚀

克拉夫拉火山和火山地熱谷附近是冰島最危險、也最年輕的火山地帶，因此周遭的地表四處都冒著熱騰騰的蒸汽。也正是因為危險性比較高，所以為了確保乘客的安全，冰島旅遊局一直都在提出危險警告：前往旅遊時，請務必上網隨時查詢當時的火山狀況，以確保旅遊時的安全唷！

安全小叮嚀

● 洞穴的頂部基本上並不高，所以請千萬注意進出洞穴時要蹲低，以免頭頂會不小心撞到洞穴上方的大石塊。

● 地洞裂谷溫泉為私人財產，目前因為溫泉水溫升高的關係已經不建議遊客下水泡湯，請各位注意自身安全並愛護這些天然景觀，做一個守秩序的遊客唷！

深入到底部溫泉的話，必須手腳並用地往下爬過岩石堆，是相當有趣的體驗。若天氣正好艷陽高照的話，有機會看到金黃色的陽光從東邊斜射進洞穴裡，灑在藍綠色的水面上更顯清澈。正因為如此，地洞裂谷溫泉的排名在我們心中仍居高不下。可惜目前地洞溫泉經歷了克拉夫拉火山最活躍的十年，泉水的溫度已超過42°C，不再適合下水泡湯，溫泉旁的標示都有相關警示。

偽火山口
Hverfjall

偽火山口高度420公尺，約在2500年前形成，直徑約1公里，是冰島規模最大的偽火山口。原理是當熔岩將小池塘內的水覆蓋住，悶燒的池水在密閉空間內形成充滿巨大壓力的水蒸氣，當壓力累積足夠

景點座標：N 65° 36.3815, W16° 53.6429

的能量後向上爆開，因而形成了米湖這一區為數眾多的偽火山口。這些火山口的形狀渾圓、內部凹陷，看起來造型就跟真的火山口沒甚麼兩樣，唯一不同的是，偽火山口的地底並沒有熔岩，所以相對來說比較不具危險性。遊客可沿著斜坡一路爬到偽火山口頂端，眺望整座偽火山口的景致，甚至有些遊客會向內走到偽火山口的底部一探究竟，底部還留有許多遊客們用石頭堆疊出的祈福石塊堆，景觀十分有趣。

黑色城堡
Dimmuborgir

　　黑色城堡的形成是受到地底的火山活動，透過蒸氣將地殼下的岩漿不斷向地表推升而從縫隙間湧出，遇冷空氣後凝固成一個個黑色不規則狀的火山岩石柱，因而造就了這一區獨特的景觀。各個形狀奇異特殊，有的像動物、有的像小精靈，有的甚至像拱門一樣中空，因此這一區也被戲稱做「黑色城堡」，再加上早晨和入夜後容易有霧氣聚集，忽隱忽現的情況下容易讓人將石柱群誤認為精靈，從此這裡就有了精靈作亂的傳說，很多冰島的爸媽還會故意嚇小朋友：如果你不乖的話，精靈會來把你抓走唷！為了延續這個可愛的傳說，每年聖誕節時這裡都會有當地人打扮成小精靈的模樣，分發禮物和糖果餅乾給小朋友。也因為奇特地貌和小精靈故事的關係，所以在冰島的民間傳說中，這裡被認為是連接人間與地獄的地方！

園區內有清楚的路牌標示，指引遊客觀景的道路。觀景路線總共有6條，距離從五百公尺到八公里不等，遊客們可以依照自己的體力和喜好選擇適合的路線。

偽火山口群
Skútustaðagigar

偽火山口群這一區與米湖旁邊的巨大偽火山口Hverfjall完全不同。Hverfjall固然巨大無比，但這成群成堆的小小偽火山口滿佈在湖面上，卻更有宛若置身在外星球的壯麗特殊風貌，因此也稱作偽隕石坑。這種地形在米湖週邊隨處可見，特別以Skútustadagigar這一區的偽火山口最為密集，就散布在公路旁的路面上，所以只要沿著農場邊的小路往上爬，就能以較高的角度俯瞰這一整片奇特又壯麗的大地。

景點座標：N 65° 35.4960, W16° 54.7896

根據旅遊寶典《Lonely Planet》，這間遊客中心餐廳裡面的食物好吃、紀念品可愛，是間必定要造訪的餐廳唷！

景點座標：N65° 34.091 W17° 02.171

電影《玩命關頭 8》在冰上的追逐場景就是在這一區拍攝而成！

上帝瀑布
Goðafoss

Info 景點座標：N 65° 41.0611, W17° 32.8870

　　上帝瀑布位於冰島北部，河水來自於冰島第四大河川Skjalfandafjot，由於當年某一次強烈的地震使得河床下方的地層陷落，造成河川斷流而形成了這座瀑布。整個瀑布的馬蹄型開口正好面對著遊客中心的位置，能清楚看到瀑布的全貌和其萬馬奔騰的瀑布水流聲，而中央有一座小丘將其一分為二，加上小丘中間及瀑布右側的岩石也各有一道小瀑布，形成看起來幾乎完全對稱的特色景觀，令人不得不讚嘆這大自然對稱的美景巧妙地有如來自上帝的巧手一般。

阿庫瑞里
Akureyri

　　阿庫瑞里是冰島的第二大城，城內人口約為18,000人，雖然位處冰島北部，但港口身居峽灣內且受到洋流影響，因此港內終年不結冰，反而因為洋流的關係而使得植被豐富，因而有了「北極圈花園城市」的美稱。市區裡除了地標雙塔教堂之外，五顏六色的房舍

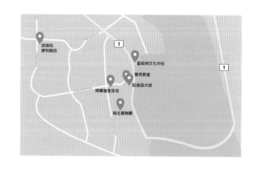

也讓人在寒冷的天氣裡感受到一點點活潑的氣息。若是自駕逆時針從米湖前往這座大城，舉目所及是峽灣兩旁的高聳山脈，這段路可以將峽灣及灣底的阿庫瑞里市區景色盡收眼底，而峽灣緊接到陸地的地方又是另一座高聳入雲的山脈坐落在阿庫瑞里後方，讓這座北方大城前有峽灣作為出海港口，後有高山屏障，形成了完備的地理優勢，是非常值得走一遭的路程。

藝術與文化中心
Menningarhúsið Hof

　　HOF文化中心是當地的頂尖基礎建設，於2010年8月開幕，座落於港口旁，環形的建築外觀非常醒目。裡面結合了音樂廳、招待會議室、藝術展區的功能，也有提供用餐的餐廳。一樓除了可以拿到城市介紹地圖與當地行程活動等資訊傳單，還兼賣紀念品。

Info
地址：Strandgötu 12, Akureyri
網址：http://www.mak.is/
電話：+354 450 1000
辦公室開放時間：周一至周五 13:00～16:00
景點座標：N 65° 41'01.9, W 18° 05'17.9

雙塔教堂
Akureyrarkirkja

　　這座教堂是市中心最重要也最醒目的地標，完工於1940年，與雷克雅維克教堂一樣都是出自建築設計大師Guðjón Samúelsson的手筆，建築靈感同樣來自於冰島特有的玄武岩節理及火山岩漿流淌型態。要登上這座教堂，還要先爬上百個階梯。冰島的教堂內部大多走的是樸實簡潔風格，純白色的水泥牆壁上沒有過多的雕飾和畫像，較有可看性的是裝飾在四邊純白牆壁上色彩鮮豔的彩繪玻璃，玻璃上描述的是聖經故事。教堂內部以一座3200支的管風琴及美麗的彩繪玻璃最具可看性，線條結構極度樸實簡單，頗有北歐獨特的裝潢風格。

Info
地址：Eyrarlandsvegur，600 Akureyri
網址：www.akureyrarkirkja.is/
電話：+354 462 7700
開放時間：有活動才開放
景點座標：N 65° 40.7933, W18° 5.449

極北植物園

Akureyri Botanical Garden

（Lystigarður Akureyrar）

　　這裡是全世界最靠近北極圈的植物園。植物園成立於1912年，是冰島國內的第一座公共公園，經過三次的擴建之後，目前占地約為3.6公頃，當年設立這座極北植物園的用意是在於提供冰島北部各種的植物供給，甚至進一步作為冰島耐寒植物的基因庫及種子交換等相關資訊的資料庫。目前園內栽種著高達兩千多種的溫帶植物，園區內的咖啡廳Café Bjork是當地社區為了慶祝植物園落成滿百年，委由設計師Kollgata Arkitektur所規劃設計的，建築外觀小巧可愛，巨大的落地窗搭配建築物以原木為主體的設計，十分引人注意。咖啡廳內的飲料高貴不貴，價格比街上咖啡店更為低廉，若是在植物園走累了，不妨進咖啡廳小憩片刻。

費用：免費
地址：Eyrarlandsvegur, 600 Akureyri
網址：http://www.lystigardur.akureyri.is/
電話：+354 462 7487
開放時間：6～9月 周一至周五 08:00～22:00／
　　　　　周末09:00～22:00
景點座標：N 65°40.4573, W 18°5.6994

紀念品大街
Hafnarstræti Street

紀念品大街坐落在阿庫瑞里的市中心，範圍從北邊的市政廳廣場Town Hall Square到南邊的奇亞旅館Hótel Kea，這一段街道兩旁全是林立的紀念品店、旅館、餐廳及咖啡廳，奇亞旅館的轉角還有全冰島最大的書局Penninn Eymundsson。在這裡，從國際品牌到冰島在地設計應有盡有。購物大街上的冰淇淋店Brynja，販售的冰淇淋用牛奶取代奶油作為製造原料，不僅健康也充滿牛奶特有的濃、醇、香，走過路過可千萬不要錯過了。不過雖說這條街名為「購物大街」，實際上整條街只有短短約莫200公尺左右的長度，與我們想像中的購物「大」街可是有很大不同的唷！

Tips

Akureyri 市議會已決議通過，自2024年起，每年夏季6至8月將限制 Hafnarstræti 路段汽車出入，僅供路人行走，欲前往的旅客再留意管制資訊。

全世界獨有的愛心紅燈

來到阿庫瑞里必看的就是這個新型的紅綠燈。據說是因為2007年冰島面臨破產時，當地政府為了給人「溫馨的正面能量」，就把市區的紅綠燈改成紅心的款式，若有經過不妨留意一下喔。

Info

地址：Hafnarstræti 600, Akureyri
網址：http://www.akureyriguide.is/shopping/downtown-akureyri/
開放時間：多數商店營業時間為10:00～18:00
景點座標：N 65° 40.7830, W 18° 5.2997

Tips

阿庫瑞里雖是冰島第二大城，但是商店即使在夏季最熱鬧的時候也是早早就打烊，約莫晚上6點左右街上就會冷清清，街上頂多只會剩下一些販售紀念品的商家還亮著燈，所以如果預計要來這裡大肆血拼或是補充糧食的遊客們，要特別注意抵達的時間唷！

阿庫瑞里泳池
Sundlaug Akureyrar

阿庫瑞里泳池坐落於雙塔教堂西邊約300公尺處，館內包含有3個溫水游泳池，另外還有4座戶外溫泉浴池、滑水道、桑拿浴，館內也有提供額外付費的按摩服務。這裡是阿庫瑞里當地居民以及遊客享受悠閒泡湯樂趣的天堂，在外遊玩一整天後來此泡湯放鬆，無疑是旅程中的一大享受。

(Info)

費用：成人：ISK 1,200/6-17歲 ISK 290／5歲以下兒童免費／長者：ISK 300
地址：Þingvallastræti 21, Akureyri
電話：+354 461 4455
開放時間：6～8月 週一至週五6:45～ 21:00 周末8:00～19:30／9～5月 週一至週五6:45～21:00 周末9:00～18:30
景點座標：N 65° 40.749, W 18° 05.858
圖片來源：https://www.visitakureyri.is/en

東北部地區的行程建議

行程規劃	3天以上
極北地區 ● 下榻胡薩維克Husavik	Day1
坐船出海賞鯨 ● 下榻胡薩維克Husavik	Day 2
米湖周邊 夜晚至米湖地熱溫泉泡湯 ● 下榻米湖周邊Mývatn	Day 3
米湖周邊 移動至阿庫瑞里Akureyri ● 下榻阿庫瑞里Akureyri	Day 4
阿庫瑞里市區觀光 參加冰原馬騎乘行程 離開東北部地區	Day 5

赫里斯島

Hrísey

赫里斯島是埃爾峽灣中央的一座大島,長7.5公里、寬2.5公里,面積7.67平方公里,最高點海拔高度110公尺,位居冰島國內第二大島。赫里斯島位置就在距離阿庫瑞里35公里處的外海,鄰近的港口Árskógssandur有定期渡輪往返。2007年島上的總人口數是180人,這座孤立於峽灣內的島嶼是許多冰島特有鳥類的棲息之地,島上有高達40多種的鳥類在此築巢安居。除了賞鳥之外,當地還推出了3條長度各異的觀光健行路線,從最短的2公里到最長5公里的健行路線讓遊客欣賞島嶼上遺世獨立的絕美自然風光。另外,赫里斯島因為緯度極北的關係,加上這裡房舍不多沒有光害,因此是許多想要欣賞北極光的遊客會選擇的地方。

遊客中心:The House of Shark Jörundur
地址:Hús Hákarla Jörundar, Norðurvegur 3, 630 Hrísey
網址:https://www.hrisey.is/en
電話:+354 695 0077
開放時間:六至八月 14:00～17:00
遊客中心座標:N65.97885, W18.37468

Tips

赫里斯島上的住宿只有兩間民宿可供選擇－Jónatanshús以及Mínukot,住房數量有限,若想要在島上住宿的遊客請記得提早訂房。

北極巨石陣
Arctic Henge

正好位於北緯66度的巨石陣，位於冰島最北方的Raufarhöfn小鎮上，一旁即為北極海。此地距離胡薩維克Húsavík還需一個半小時的車程，是個既荒涼又充滿神秘感的地方。這些巨石陣是由當地Asatru教徒所建造而成，自1996年開始動工，目標是要蓋成一整座巨大日晷，目前也設有官網募資中。若有多餘時間的旅人，也不妨再多開一段路去親眼見證。

 景點座標：N 66° 46213, W15° 96285
圖片來源：https://www.facebook.com/ArcticHenge/

森林溫泉
Forest Lagoon

2022年甫開幕、距離市區阿庫雷里僅有五分鐘車程的森林溫泉Forest Lagoon，是目前冰島四大特色溫泉之一。與打造藍湖溫泉為同一個建築團隊，在設計時以「與大自然共構」的概念為出發點，讓整座溫泉隱身在森林裡，還可遠眺峽灣景致，是北部的新興度假勝地。裡面除了溫泉，也有池畔酒吧、桑拿室、冷泉室與無邊際泳池，設備相當多元新穎。

Info 網址：https://www.forestlagoon.is/en
電話：+354 585 0090
Email：Info@forestlagoon.is
地址：Vaðlaskógur, 605 Akureyri
開放時間：每日10:00～24:00
票價：成人 8,500 kr／6-15歲 3,290 kr／5歲以下免費／長者與行動不便者 4,990 kr／含飲料套票 7,750 kr
座標：N 64° 11.6863, W 21° 94.6162

西北部及大城

瓦斯半島
Vatnsnes Peninsula

　　瓦斯半島是稀有海豹最為密集的區域，每年都有成千上萬的遊客行經此處想要一覽海豹躺臥在沙灘上的慵懶畫面。半島上的海豹棲息處主要有Hindisvik、Ósar、Illugastaðir三處。

Tips 冰島西部旅遊官網：https://www.west.is/en
西部峽灣旅遊官網：http://www.westfjords.is/

Hindisvik

　　位於瓦斯半島西北方突出的陸地上，無道路觸及海邊，需從公路步行約500公尺前往海岸欣賞海豹棲息處。

西部峽灣半島

豪斯川迪爾自然保護區

伊薩菲厄澤　北極赤狐博物園

丁堅地瀑布

賞鳥海岸

巫術博物館

西北漁村
Illugastaðir
海中巨象
瓦斯半島

Hindisvik

Ósar　火山糖

蠟丘火

斯圖基斯霍爾米

教堂山
火山口
橘色燈塔
黑沙灘
火山地洞　怪物海岸

黑教堂
海蝕拱門

海豹樓息沙灘
玄武岩石壁

斯奈佛半島

Info
景點座標：N 65° 40.395, W 20° 41.587
景點網站：https://www.hindisvik.com/index.php/en-gb/

Ósar

此處是個由三間房屋組成的迷你
村莊，其中有一間是提供住宿的青年旅
館。此處約有200隻海豹在外海的沙灘

景點座標：N 65° 35.990, W 20° 38.917

上棲息，因此村莊雖小、卻是欣賞海豹的遊客們必定會朝聖的地點。欣賞海豹必須從
青年旅館前方的小徑步行200公尺到海邊，距離小鎮不遠處還有另一個景點Hvítserkur
可欣賞。

Illugastaðir

位於半島的西邊沿岸，海豹棲息處
是位在海灘外海的幾處礁石上，但因海
豹天性好奇活潑，因此常有海豹群會游
到近海的沿岸邊打探前來拍照的遊客。

景點座標：N 65° 36.427, W 20° 53.391

海中巨象
Hvitserkur

海中巨象是座15公尺高的玄武岩石塊，因長期受到海水侵蝕而挖鑿出底部兩
個巨大的海蝕洞，將這座節理呈薄片狀的石塊雕塑成一隻猶如孤立在外海的大象形
狀，象鼻、四肢及背脊均清晰可見。當海水退潮時，象石底下的沙灘會暴露出來，
可供旅客在這片黑色沙灘上漫步。順著711號公路向北開，經過Osar後再往北700公
尺左右便會到達此處。

景點座標：N 65° 36.380,
　　　　 W 20° 38.199
圖片來源：https://www.
　　　　 northiceland.is/

火山教堂
Blönduóskirkja

位於布倫迪歐斯Blönduós小鎮中心的Blönduóskirkja教堂，建於1993年，由建築師Maggi Jónsson以噴發中的火山為概念發想，因造型獨特而吸引觀光客前往朝聖。而由於不對稱的外觀造就了從四面八方看起來的造型各異，其中一面看起來就像鯨魚昂首的模樣，也有人將此稱之為「鯨魚教堂」。

景點座標：N 65.66004, W 20.28033

蟻丘火山
Vatnsdalshólar

數以百計的像是蟻丘一樣的小山丘散落在Húnavatnshreppur河上游的湖泊邊，形成一幅極其獨特又如童話般

景點座標：N 65° 29.4343, W 20° 22.5132

的樣貌。這些小土堆的形成說法各異，但目前為止最廣為接受的說法是經由火山的土石流之後所堆砌出來的，這些土堆形狀顏色迴異，有的是黑色、有的是咖啡色、有的則是覆滿雜草呈現青翠的綠色，還有一些因為流紋岩的關係而呈現美麗的咖啡金黃色。火山小土丘在Vatnsdalsfjall山附近的Vatnsdalur村，綿延了將近有4公里之遠，附近的村落房舍就坐落在大大小小的土堆中間，行經其中，感覺像被小叮噹的道具燈縮小之後在巨大的蟻丘間探險。這些火山小丘陵與冰島西北部的外海島嶼鏈Breiðafjörður以及Arnarvatnsheiði，並列為冰島三大「難以計數」的特殊景觀。

西部峽灣半島 Westfjords

西北漁村
Drangsnes

　　坐落在半島東南部的小漁村，可在此處參加前往格里姆賽島的出海行程探尋海鸚，或造訪小鎮鎮上的公共地熱溫泉Laugarhóll，體驗在遼闊的海岸邊或無光害的星空下享受溫泉浴的樂趣。

漁村座標：N 65° 41.391, W 21° 26.578
地熱溫泉：N 65° 41.337, W 21° 26.843
　　　　　（免費）
圖片來源：https://www.westfjords.is/

巫術博物館
The Museum of Icelandic Sorcery
& Witchcraft

這個博物館展示著許多冰島神秘且古老的鬼怪及巫術等相關物品，其中最令人驚駭的就是一張由人臉製成的「人皮面具」。博物館裡除了許多展示巫術的工具之外，還提供不少冰島特有的巫術魔法，大膽的人可去一探究竟。

費用：成人 1,200 kr／學生 1,000／長者、行動
　　　不便 900kr／14歲以下兒童免費入場
地址：Hofoagata 8-10 , Holmavik 510
電話：+354 897 6525
開放時間：夏季五至九月 11:00～18:00／冬季
　　　　　十至五月中 12:00～18:00／周末
　　　　　13:00～18:00
博物館座標：N 65° 42.413, W 21° 39.998

豪斯川迪爾自然保護區
Hornstrandir Nature Reserve

豪斯川迪爾自然保護區建立於1975年，此區景色遺世獨立，是被旅遊雜誌《孤獨星球》選為2011年全世界必去旅遊地點中的其中之一。此保護區在第二次世界大戰時因戰爭關係導致多數居民移居，如今保護區內的房子已無人居住，大多僅用於遊客夏季度假使用。保護區內沒有任何公路可通行，因此來這裏最便捷的方法是從半島西部的Bolungarvík村或Ísafjörður鎮乘船，或從保護區的東部Norðurfjörður或Hólmavík乘船前往。保護區內幅員廣大且無步道可行，若欲前往必須參加有嚮導領隊的3～5日健行團。

網址：
https://www.westfjords.
is/en/destinations/nature-
reserves/hornstrandir-
nature-reserve
圖片來源：
https://www.westfjords.is/

北極赤狐動物園
Arctic Fox Centre

　　北極狐狸（Vulpes lagopus）又稱赤狐，是冰島唯一的原生陸地哺乳動物，坐落在西部峽灣Súðavík小鎮上的這座動物園詳盡介紹赤狐的物種、習性及其他相關資訊。若想與北極赤狐有更近距離的接觸，也可參加赤狐導覽行程，有機會深入赤狐狐群與這些可愛的狐狸們互動。

(Info)
網址：arcticfoxcentre.com
電話：+354 456 4922
地址：Eyrardal - Súðavík IS-420
Email：melrakki@melrakki.is
開放時間：六至八月 09:00～18:00
景點座標：N 66° 01.828, W 22° 59.505

伊薩菲厄澤
Ísafjörður

　　伊薩菲厄澤是冰島西峽灣區中規模最大的城鎮，人口將近3000人。此處有多間旅館民宿提供住宿，也有數間租車公司及船公司在此提供服務，這裡甚至有許多當地旅遊公司提供如騎馬、賞鳥、海釣等眾多行程，因此這個小鎮是許多深度遊玩西北峽灣的旅客選擇下榻的休憩地點。遊客除了可以在附近的健行步道登高遠眺峽灣美景之外，也可以從此處坐船前往半島最北邊的豪斯川迪爾自然保護區，進行3～5日的健行探險之旅。

(Info)
網址：
http://www.isafjordur.is/
電話：+354 450 8000
遊客中心座標：
N 66° 04.295,
W 23° 07.184
旅遊出團資訊：
http://www.westtours.is/
圖片來源：
https://www.westfjords.is/

(Info)

丁堅地瀑布
Dynjandi

景點座標：N 65° 44.188, W 23° 12.529
圖片來源：https://www.westfjords.is/

由數個大大小小的瀑布串連而成的階梯形瀑布，累計高度大約為100公尺，頂窄底寬，形狀看似一個層層疊疊的蛋糕，是西北峽灣區著名的指標性景點。瀑布水流湍急且聲勢壯闊，站在瀑布前很難不被其震耳欲聾的水聲及壯闊的景觀所震懾。

賞鳥海岸
Latrabjarg

北極海鸚是冰島國鳥，這種小巧可愛的鳥兒築巢範圍包括冰島、挪威、法羅群島和其他北大西洋島嶼，而冰島則是海鸚最大的棲息地，世界上百分之60%的海鸚都以冰島為家。要想欣賞北極海鸚，Latrabjarg海岸和豪斯川迪爾自然保護區都是熱門地點，每年6～9月均有機會見到海鸚圓滾滾的可愛身影。

(Info)

景點座標：N 65° 35.313, W 24° 07.628
圖片來源：https://www.westfjords.is/

斯奈佛半島
Snæfellsnes Peninsula

斯奈佛半島是冰島西部細長往西突出的陸地，這個半島是冰島於西元2001年成立的第四座國家公園，也是最年輕的國家公園。國家公園主要由地底的斯奈火山及火山上千年不化的斯奈山冰川所組成，也因此半島的陸地大部份被熔岩所覆蓋，黑色的懸岩、海鳥、海蝕沿岸等火山熔岩形成的地形景觀是此區最大賣點。法國科幻作家儒勒‧凡爾納的《地心遊記》中將斯奈佛半島形容為通往地心的入口，半島上隨處可見火山與冰川交錯形成的特殊地理景觀，可說是冰島「冰火交融」的縮影。如自駕前往，環遊整個半島一圈約需7小時，建議停留至少2天1夜較能深度旅遊。

斯蒂基斯霍爾米
Stykkishólmur

位於半島最西北方的海港小鎮，居民主要以漁業及旅遊維生，鎮上人口僅約1100人。從此處可搭船往返於西部峽灣半島之間，近郊也有機場可銜接首都雷克雅維克，航班班次頻繁。小鎮西部沿岸是垂直峭壁，搭配鎮上的寧靜小漁港，景觀特殊。

Info

景點座標：N 65° 04.670, W 22° 43.429
班機資訊：https://www.airiceland.is/
船班資訊：https://www.seatours.is/
圖片來源：https://guidetoiceland.is/

Info

教堂山
Kirkjufell

景點座標：N 64° 55.559, W 23° 18.671
圖片來源：Mads Peter Iversen

　　教堂山是座位在斯奈佛半島的小鎮附近的古老火山，陡峭的教堂山前有個因地層陷落而形成的小型峽灣，峽灣內因地勢高地落差造就教堂山瀑布Kirkjufellsfoss，這個瀑布便是欣賞教堂上最佳的觀景點。此處因景觀壯闊且鮮少光害，若在晴空萬里的夜晚，甚至有機會一睹極光、星斗與瀑布、峽灣、火山相輝映的絕妙景色，因而此處也是各國攝影大師爭相前來拍攝的地點，近期更被國外知名旅遊網站票選為全世界七大雄偉之山的其中一座。

橘色燈塔 Svörtuloft Lighthouse
海蝕洞 Svörtuloft

　　半島的西北角尖端有一座橘紅色的小型燈塔，沿岸則是幾近直角的垂直斷層海岸，壯闊的海景配上鮮豔的橘紅色燈塔，是半島上不可錯過的拍照絕景。

周圍海岸則是半島上最獨特的海蝕海岸景觀Svörtuloft，由火山熔岩形成的地質經過海水經年累月的侵蝕之後，沿岸幾乎演變為90度的垂直峭壁，峭壁中還有許多海蝕洞的景觀，實為奇特。

火山口
Saxhóll

因為斯奈佛半島本身就是一片由火山所構成的陸地，因此半島上除了火山熔岩景觀之外，也有火山口可供觀賞。Saxhóll火山口的規模雖較Hverfjull火山口小，但有階梯可以方便遊客們登頂，是較為平易近人的火山口，這個火山口目前已呈休眠狀態。

火山地洞
Vatnshellir Cave

這個火山地洞是遠在8000年前就成形的古老火山洞穴，在火山噴發後，靠近地表的岩漿迅速冷卻而形成洞穴上方的「屋頂」，待噴發結束後底的熔岩流出，因而造就了這個底部中空的火山洞穴奇景。進入洞穴須參加當地旅遊團。

黑沙灘
Djúpalónssandur

景點座標：N 64° 51.827, W 24° 02.342

景點座標：N 64° 51.050, W 23° 55.478
圖片來源：https://www.westfjords.is/

費用：成人 4,500 kr／長者、學生 3,500 kr／12-17歲 2,000 kr／5-11歲 免費，請洽「Summit Guides」：http://www.summitguides.is/
景點座標：N 64° 44.861, W 23° 49.070
圖片來源：https://www.west.is/

和維克鎮的黑沙灘一樣，斯奈佛半島上也有一處由玄武岩沖積而成的黑色沙灘，這一區的地形主要形成於冰河時代後期，火山爆發後的岩漿流經整座半島一路延伸至大海，因此在陸地及沿海均產生了許多火山熔岩凝固而成的景觀。要通往黑

色沙灘得要先經過一條熔岩小路，這條小路上充滿著當年火山噴發後由岩漿凝固後黑色熔岩石塊，步行經過此區令人有種進入外星球的錯覺。步道沿途會看到許多大小的石頭散落在步道上，當地人稱之為「試煉石Testing Rocks」，這些石頭形狀大小及重量都不同，最輕的是23公斤，最重的可以到145公斤，遊客們可試試看舉得起來哪個重量的石頭，測試一下自己舉重的能耐。

景點座標：N 64° 45.184, W 23° 53.916
圖片來源：https://www.westfjords.is/

怪物海岸
Lóndrangar

　　此處又是另一個火山熔岩形成的特殊海岸地形，其最特別之處在於它是兩座由岩漿凝固形成的火山玄武岩石柱，高度分別為61公尺及75公尺，矗立在遼闊無際的海岸邊，景色突兀而壯觀。這一區因海岸線崎嶇，加上這兩座玄武岩石柱外表凹凸，在天氣不佳的天候下，乍看之下頗似由海面升起的怪獸，因而得名。

景點座標：N 64° 43.995, W 23° 46.804
圖片來源：https://www.westfjords.is/

海蝕拱門
Gatklettur

當火山熔岩被海水侵蝕而形成的天
然海蝕洞，孤立於Arnarstapi小鎮的外
海上，因外型貌似一座圓弧形的拱門而
聞名。

海豹棲息沙灘
Ytri Tunga Beach

景點座標：N 64° 45.953, W 23° 37.367
圖片來源：https://www.westfjords.is/

Ytri Tunga海灘是斯奈佛半島上海
豹的主要群聚地，每年6～7月是海豹聚
集最多的季節，在這裡有機會近距離觀
賞到小海豹們的可愛身影。

景點座標：N 64° 48.228, W 23° 04.881

黑教堂
Olafsvik Búðakirkja church

是一座位在冰島半島南端的純黑色教堂，與南邊的維克小鎮上的純白色教堂並
稱冰島兩大純色教堂美景。在冰島大多以淺白色系為主的教堂風格中，黑教堂以他
獨特的顏色外型脫穎而出，成為冰島明信片中的熱門景觀之一。教堂附近環繞著火
山熔岩植被，前方則是面對廣闊的斷崖海景。

景點座標：N 64° 49.307, W
23° 23.075

玄武岩石壁

Gerðuberg

景點座標：N 64° 51.615, W 22° 21.634
圖片來源：https://commons.wikimedia.org/
wiki/File:Ger%C3%B0uberg_Basalt_
Collumns_in_Iceland.jpg

　　位在斯奈佛半島靠近一號公路的地方有座地形高聳且幅員廣闊的玄武岩石牆，石牆最高的部分高達14公尺，寬的部分有7.5公尺長，整片玄武岩牆像是一幅天然的屏風般垂直於遼闊平坦的平原上，此處也是攝影愛好者必到的拍照聖地。

西北部地區的行程建議

行程規劃	3-5天以上
瓦斯半島欣賞海豹及海中奇石 ● 下榻Osar	Day1
西部峽灣半島地熱溫泉、參觀巫術博物館、北極赤狐動物園 ● 下榻Ísafjörður	Day 2
Latrabjarg尋找海鸚、丁堅地瀑布 Brjanslaekur 乘船往南至Sneafellsnes 半島 ● 下榻斯蒂基斯霍爾米Stykkishólmur	Day 3
斯奈佛半島環島之旅 (教堂山、橘色燈塔及南部沿岸火山地貌) ● 下榻博爾加內斯Borgarnes或阿克拉內斯 Akranes	Day 4

迷人的小島

Videy島

位於雷克雅維克北方外海,坐船
過去只要五分鐘,島上有著名的和平光
塔,會有一道直衝天際的光束,只在每
年年底的固定時段點燈,是約翰藍儂的
妻子為紀念遇刺身亡的丈夫而建,象徵
照亮世界和平的願望。

Flatey島

位於Snæfellsnes半島與西北峽灣的
海灣中,島上只有一條2公里的小路,

無法開車、也沒有網路，不過你可以享受溫泉、與當地居民養的綿羊相伴，夏天時，這裡幾乎每週都有音樂會。

Grimsey島

冰島最北的島嶼，也是唯一進入北極圈的國土，面積只有5平方公里，島上可以觸摸到北極圈地標，走到沿岸的懸崖，可以看到漫天飛舞的各種鳥類，同時因為地理位置夠北，夏天的太陽終日保持在地平線以上，也很適合觀賞午夜太陽的奇景。

Vestmannaeyjar群島

又名西人島，由主島Heimaey島與四散海上的小島所組成，目前只有主島住著居民。主島的Eldfell火山曾於1973年爆發，岩漿摧毀了村莊、也差點摧毀了港口，當時的熔岩與房子遺跡仍保留至今，島上的火山電影院也播放紀錄片，紀錄居民從一開始對於是否重建家園的意見相左，到全國同胞趕來幫忙重建的感人過程。欣賞完電影後，還可以實際爬上Eldfell火山或是Blatindur山，到山頂環顧美景、遠眺冰島。

島上另一處特別的是水族博物館（Sea Life Trust Beluga Whale Sanctuary），裡面展示了冰島以及北極的海陸空特有物種，別處少見值得一探。另外、西人島是冰島最大的海鸚棲息地，來島上很適合去尋找海鸚，欣賞牠們可愛的模樣。每年8月末，當地居民還會進行拯救小海鸚（Puffling Patrol）的活動，因為此時的海鸚會開始追隨月光、陸續飛回海上過冬，而小海鸚容易錯把路燈當月光，飛到鎮上迷路或撞牆，於是居民便會在這段時間，巡視街道上的迷途小海鸚，幫助他們回到海上。

海鸚路跑Puffin Run

除了拯救海鸚雛鳥的巡邏活動，在Heimaey島上還有自2018年開辦至今、以海鸚為名的環島路跑活動。活動在每年的五月初舉行，整趟路線沿著靠近大海的海岸線上，可沿途欣賞大西洋的壯麗景色。

● 活動網站：https://runninginiceland.com/the-puffin-run/

● 報名網站：https://worldsmarathons.com/marathon/the-puffin-run

冰島公廁地圖

　　冰島地廣人稀，有時候點與點之間距離車程動輒兩至三小時起跳，因此所到之處有沒有洗手間就顯得很重要。

　　在冰島，幾乎絕大多數的景點旁都會有流動廁所，而有一些國家風景區的公廁是需要付費的，如位於金圈裡的「Þingvellir辛格維爾國家公園」的付費廁所，就是要刷卡才能使用，因此身上最好也隨身攜帶信用卡以備不時之需。

　　除了國家公園，路途中小鎮上標示「 i 」遊客服務中心以及紀念品店、簡餐店也會有廁所，雖然有的未註明是否需付費，不過最好也買點東西來回饋是良好的遊客禮儀。有些則會在廁所前設置一個投錢箱，讓旅客若不想在店裡消費，也是可以投點零錢去使用廁所。

　　而BONUS、KRONAN、netto等大型連鎖超市裡的廁所不但免費也乾淨，若有購物的需求就可以順便使用洗手間。

附有公廁的停車場地圖

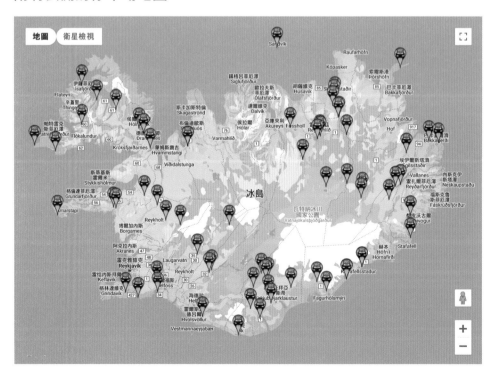

下列網址為全冰島附有公廁的停車場，優點是有廁所外觀照片可預覽，較容易找到目標。

https://icelandthebeautiful.com/map/parking-lots-wc-toilets/

冰島廁所 Google map

此為熱心網友製作的冰島公廁地圖，可結合Google Map使用。在左側列表中按下星號之後，即可儲存在自己帳號底下的地圖資料裡。之後若打開電腦或手機上的Google Map，切換到「已儲存」頁籤、再按下「地圖」類別，就可以快速打開這個公廁地圖。

冰島趣聞：神鬼傳奇

瓦特納冰原有多大？

　　瓦特納冰原（vatnajökull）是除了南北極以外，歐洲最大的冰蓋，面積佔了冰島的8%，厚度平均四百公尺，最厚處高達一公里，連龐大的冰河都只是冰原的支脈而已，冰原下方壓住了活火山、熔岩流和山脈，形成冰與火垂直共存的地貌景觀，也是冰火之島一詞的發源地。如果把瓦特納冰原搬到台灣，面積大約可以冰封花蓮和台東，包含填滿所有山谷和平原。

冰島東部的巨人傳說

　　巨人城牆（Skessugarður）是位於冰島東部的一個景點，長300公尺、高5公尺，四周荒野上還遍布著巨大岩石，究竟荒野中的巨石是如何堆疊成牆的呢？傳說中是在很久很久以前，在人類來到冰島定居之前，東部生活著兩個巨人，一位住在海上，一位住在冰河上。有一天他們相遇了，但卻為了土地分配問題爭論不休，因為兩人都想公平地擁有一半的土地。這下問題來了，怎麼找出土地的中間點呢？他們最後達成了一個協議，彼此在同一天裡的同一時間，以自然的步伐面對面走近，一位從海上走來，另一位從冰河走來，當他們相遇的地方，就是標示土地分界的所在。最後，他們在冰島東部一處叫做Möðrudalsland的地方相遇了，接著兩人便開始用巨石堆起城牆，成功劃分了土地。不過以現今的科學角度來看，這是由冰河時期一條叫做Brúarjökull冰河所造就的天然現象，由於冰河融化後的河水流經此地，將較小的石頭沖刷帶走，沖不走的大石頭就隨著水流滾動堆積，待潮水退去後便形成今日景象。

在冰島東部遇見彩虹

惡名昭彰的火山

冰島位於板塊交界處，造就了島上130多座大小火山，過去一千年來，各種規模的噴發超過數百次，以火山爆發力指標VEI來看（最低0級、最強8級），冰島不乏有5級以上的重量級火山，其所造成的影響讓它們無法被歷史遺忘。

卡特拉火山（Katla）

位於冰原之下，西元934年以6級爆發力融化了冰原，引發的洪水摧毀了附近的農村。最近一次則在1918年，5級噴發硬是將南部海岸線向外海延伸了5公里。

拉基火山（Laki）

擁有全球級破壞力，即使位在湖水下方，湖水又在冰原之下，1783年的6級威力仍然擊穿了所有阻礙，連續爆發了8個月，產生出大量火山灰和毒氣，連雨水也充斥著硫化物。汙染引發的饑荒餓死了25%冰島人，全國50%動物中毒而亡，羊更是少了80%。毒雲還造成北非降雨量減少，歐洲及北美氣候異常，全球六百萬人死於中毒與饑荒。

海克拉火山（Hekla）

又稱地獄之門，相當躁動，過去900多年裡爆發過25次，曾以5級噴發摧毀了40公里內的一切。1947年的爆發聲全冰島都可聽見，引起6級強震，還融化了冰雪導致河水暴漲，摧毀了98個農場。

艾雅法拉火山（Eyjafjallajökull）

被鎮壓在冰原之下，2010年一爆成名，熱力融化冰原引發洪水，火山灰飄往歐洲導致多國關閉領空，全球航空大亂，超過10萬架班次被取消，影響全世界48%的運輸人次，還有5萬名旅客滯留在世界各地，航空業總損失高達547億台幣。

賀魯幸火山（Holuhraun）

是冰島史上噴發最多岩漿的火山，從2014年開始的半年間，岩漿從1.5公里長的裂縫持續噴出，覆蓋了相當於1.5個嘉義市的面積。

首都名雕像背後的故事

立足在哈爾格林姆教堂前方的雕像Leifr Eiricsso其實是美國送給冰島的禮物，祝賀冰島議會成立一千週年，原本是好事一樁，但卻曾經讓冰島人很反彈。

原因是美國希望雕像放在顯眼的地方，因此要求放在市區的山丘頂，對冰島人來說，此舉不但無禮，而且會打亂那裡原先要蓋教堂的規畫，因此建議改放市郊，不過美國沒接受，只妥協不放山頂，改放在山頂偏西側的位置。但是，這個位置又與一座小塔重疊，所以勢必要拆除，在當時，這座小塔對居民有休憩和象徵意義，因此一聽到要拆除，立刻又引發一波聲浪，不過最後還是依計畫拆除了。

等到雕像放置後，冰島政府和美國大使館很快發現，不少喝醉的人會把雕像看成公廁，然後就地解放，為此，政府還派了警衛駐點，讓它意外成了冰島唯一有專人看守的雕像。矗立了13年後，現今的哈爾格林姆教堂才開始動工，不過直到教堂完成至今，雕像卻始終沒有真正完成，因為原來雕像的設計是站在水池中，象徵穿越大西洋發現美國，不過直至今日還是一滴水都沒看見。

Harpa不死的強韌生命力

　　Harpa音樂廳的興建過程可說是幾經波折。這座絕美的現代式建築是在2007年由Henning Larsen和Batteríie兩大建築設計事務所，以及冰島藝術家Olafur Eliasson攜手設計，但建造之初就陸續經歷了冰島破產、出資股東倒閉、冰島幣劇貶、建築團隊被裁等一連串的危機，但當時的政府仍決心在財務困境下堅持將這座建築完工，以此向世界證明冰島的韌性和對藝術的尊重。最後音樂廳在2011年完工，該年5月順利開幕，開幕之初便獲得各界驚艷及好評，還被《紐約時報》評選為「2011年全球最值得旅遊的41個地方」之一，更在2013年獲得歐洲建築設計最高榮譽—密斯·凡·德羅歐洲當代建築獎。

圖片來源：falco

彩虹瀑布的寶藏傳說

冰島還有一個關於彩虹瀑布的古老傳說：據說第一批維京人抵達此處時，維京首領Þrasi Þórólfsson曾經在瀑布後面的高原某處埋藏了一座寶藏，當地的一個小男孩在幾年後曾經在無意間發現了這座寶藏盒，只可惜當時他只抓住了寶藏盒側邊的拉環而沒將寶藏盒抓穩，於是最後寶藏盒還是掉進瀑布裡從此消失不見了，這個僅存的寶藏手把至今還保存在冰島的博物館裡呢！

上帝瀑布的命名由來

據說在11世紀時，冰島掌權者決定廢除斯堪地那維亞的在地信仰，將基督教列為國教，因此將各部落長老聚集於此，要求把基督教以外的神像通通投入瀑布中毀棄以示虔誠敬意。也由於彙集了眾神，讓這座瀑布有了「上帝瀑布」之名。

上帝瀑布雖然不是冰島最大或水量最豐沛的瀑布，但因為河水的水質清澈，在陽光的照射之下還泛著微微的藍綠光澤，瀑布上濺起的水霧有如為這個瀑布罩上一層薄紗般，值得一探。

日期	聖誕老人名字	特色
12/12	Stekkjastaur	喜歡騷擾羊群
12/13	Giljagaur	專偷牛奶
12/14	Stúfur	喜歡偷吃剩菜的小矮人
12/15	Þvörusleikir	喜歡舔沒洗的湯匙
12/16	Pottaskefill	喜歡舔鍋子
12/17	Askasleikir	喜歡舔沒洗的碗
12/18	Hurðaskellir	喜歡大力關門
12/19	Skyrgámur	偷吃優格
12/20	Bjúgnakrækir	香腸小偷
12/21	Gluggagægir	喜歡從窗外偷窺
12/22	Gáttaþefur	喜歡聞味道，最喜歡吃小麥餅
12/23	Ketkrókur	從煙囪鉤肉的小偷
12/24	Kertasníkir	偷吃蠟燭

黃金瀑布保衛戰

　　黃金瀑布在1920年差點被毀掉，當時有外國投資客想在此建水壩，開發水力發電，但是農莊主人Tómas Tómasson拒絕把瀑布賣給他們，於是投資客轉而向政府談購地案，當農夫的女兒Sigríður知道這件事後，徒步走了120公里去首都抗議，揚言要是賣掉，她將不惜跳入瀑布中。經過一番討論後，最終撤銷了該協議，瀑布免於被毀滅的命運。55年後，農莊主人將瀑布捐贈給國家，成立自然保留區，讓後人有機會一睹黃金瀑布的壯觀。

會偷東西的聖誕老公公

　　冰島的聖誕節也是家人團圓的大日子，不過整個假期有將近半個月這麼長，是因為傳說這裡的聖誕老人足足有13個，由一對住在深山的山妖夫婦所生，每年從12/12開始，一天一位聖誕老人就會從山中跑到鎮上搗亂，同時也會留下禮物，因此小朋友會在窗台放鞋子，不過若是壞孩子的話，就只能拿到一顆壞掉的馬鈴薯。當12/25這天來臨時，聖誕老人們又會一天一位的跑回山上，直到1/6最後一位離開後，人類世界才算恢復安寧。

Chapter 5

當地活動篇

Local Tours

來到冰島，除了欣賞壯闊瑰麗的自然美景，參加當地獨有的活動行程也是重頭戲之一，不僅有專業的導遊帶隊可確保安全，也可經由專人解說而能更深入認識這片土地。若想要更親近千年冰原，可以參加冰川健行的行程；若有預算，也可以考慮搭直昇機縱覽火山全貌。還有騎冰島馬、雪上摩托車與狗拉雪橇等陸上活動以及坐船賞鯨、賞鳥、遊冰河湖等水上活動。想看極光但沒有租車自駕的旅客，也可以參加旅行團跟大家一起坐遊覽車到偏遠地區等那道光出現。

依行程決定出發季節

　　來到冰島，可以參加的行程多元又好玩，只可惜某些行程因為季節或天候的關係會有月份的限制：例如夏天看不到冰洞、極光；冬天無法出海賞鯨、搭乘冰湖船等。為了不要因為季節而失去好玩的出團機會，因此下面將幾個冰島最有名也最好玩的「出團行程」和有出團的「月份」分門別類標記出來，大家可以選出幾樣最有興趣的行程以及這些行程出團的月份，再利用下表決定想造訪冰島的月份。例如我們在造訪冰島前，最有興趣的行程是：極光（最佳觀賞月份是1～4、9～12月）、冰川健行（5～9月）、氣候穩定（2～9月）、冰湖船（4～10月），綜合下表可知行程出團頻率最高的月份是9月，這樣一來可以同時看到極光、藍天、玩到冰川健行和冰湖船的機率也最高，這個小方法提供大家參考！

出團行程	Jan	Feb	Mar	Apr	May	Jun	Jul	Aug	Sep	Oct	Nov	Dec
極光												
狗拉雪橇												
騎冰原馬												
賞鯨												
健行登山												
藍天												
金圈												
冰原吉普車												
冰洞												
冰湖船												
雪上摩托車												

備註：有顏色的部分代表有出團，白色的部分則是代表該月沒有出團，顏色越深代表出團的機率及頻率越高。

預訂行程的網站

　　冰島有非常非常多的Local Tour可供選擇，從半天左右的短行程，到為期數天的長行程通通都有旅行社承辦，因此我們先簡單介紹一下幾個包山包海幾乎所有行程都有涵蓋的local tour旅行社，如果您想參加的種類繁多，可以先在這種滿漢全席的旅行社網頁上瀏覽一下：

Guide to Iceland

　　這個網站有中文介面，上面集結了從一日遊到多日遊的行程，提供的種類之多，不怕你不玩、只怕玩不完！出團行程從最基本的自駕包套，到初階的米湖、藍湖、金圈、瀑布之旅，也有一些比較冷門的吉普車、潛水、直升機、騎馬、攀冰的行程，甚至還有特別針對攝影愛好者提供的冰洞極光攝影團，行程種類可說應有盡有。重點是這個旅行社有提供中文頁面及中文客服，如果想要參加出團行程卻有一堆問題、或是對各種出團的包套行程一知半解的話，任何問題都可以用中文書信詢問對方，非常方便。

http://cn.guidetoiceland.is/

Gray Line

　　這個旅遊公司當日行程的內容涵蓋範圍很廣，舉凡金圈之旅、火山洞穴探險、藍湖泡湯、市區導覽，到比較深度的歐美板塊浮潛、極光探索、冰原吉普、騎冰原馬、斯奈佛半島遊、西部峽灣探險、賞鯨、高地吉普車⋯等，各種行程任君挑選，遊客可以依照自己的時間調配選擇適合的行程。

http://grayline.is/

Nordic Visitor

　　這家旅行社包含的範圍從比較大眾的藍湖泡湯、導覽巴士、冰原吉普車、火山探險、賞鯨船、郊外騎馬，到較為特殊的格陵蘭之旅、直升機行程、往返鄰近島嶼的行程、甚至還有跨年派對之旅⋯等，如果想要在一個網站買足所有行程、或是想先看看在冰島有哪些活動可以玩的話，這個網站也是入門好選擇。

https://iceland.nordicvisitor.com/

Icelandic Mountain Guides

　　這家旅行社是以戶外活動為主打。主要的導覽項目分為兩種：單日行程、多日行程和冰川行程，單日行程的目的地包含金圈之旅、登山健行、滑雪、自行車、攝影行程、火山探險、編織課程…等，最特別的是這家還有提供攀登冰川的行程（Glacier Climbing Tour）唷！

https://www.mountainguides.is/

常見行程單字解釋

- **Day Tour／Excursions**：通常指的是一天的行程，大部分的旅客都是找這種團。
- **Self Drive Tours**：「租車＋旅館」的包套。幫遊客訂好指定天數的旅館和租車。
- **Short Breaks**：2～5天左右的短期行程。
- **Activity Holidays／Holiday Packages**：5～9天甚至更久的長期行程，內容通常是越野吉普、泛舟、賞鯨、健行等多項戶外活動。
- **Tour Packages**：有一些網站會將上述的各個行程包裝在一起銷售，費用會比各自單買便宜。

其他旅行社資訊

單日行程	多日行程	可提供交通往返的服務
Trex https://trex.is/	Iceland ProTravel http://www.icelandprotravel.is/	Trex-Hiker's Bus Pass https://trex.is/coaches/
Klook https://www.klook.com/zh-TW/coureg/35-iceland-things-to-do/	Iceland Tours http://www.icelandtours.is/	Iceland by Bus http://icelandbybus.is/
kkday https://www.kkday.com/zh-tw/country/iceland	Guðmundur Jónasson Travel http://www.gjtravel.is/	Reykjavik Excursion https://www.re.is/iceland-on-your-own/

Tips

以下提供2023年各類型Tour行程在冰島的網址、開放時間與參考價格，實際費用與開放時間等資訊仍以網址最新公布為主。

冰原周邊活動介紹

冰川健行
Glacier Hiking Tours

專業領隊

開放時間

　　親自走上冰河是冰島的夢幻行程之一，不過冰河暗藏許多危險，參加有專人帶隊的健行團會是比較安全的做法。冰川健行的旺季是每年6～8月，每天出團的頻率也高（一天大約有4個班次）；不過到了非旺季期間（5月和9月）出團的班次就變得少很多。以4小時的冰川健行為例，5月和9月一天只有早上和下午兩個班次，除非業者發現某一個時段想要參加的遊客比想像中多，才會額外加開班次，否則如果是1～4月或10～12月來的話，能夠參加冰川健行的機會比較低。

體驗內容

一般來說，冰川健行有分成2小時、4小時、全天（約9小時）這三種行程，網站上寫的2小時／4小時，通常是指會在冰川上的時間，所以總花費時間可能更長。

行程內容包含：一、先集合領裝備（冰爪、冰斧），然後坐車前往冰原；二、接著徒步20分鐘抵達冰川入口；三、領隊會教導如何穿冰爪和冰斧的使用方式，講解裝備和安全須知，上述三個步驟所需時間大約是30分鐘到1小時。由於冰河末端覆蓋較多沙土，看起來就像是一般的陸地，等到實際踩上去，才會感受到冰爪鑿進冰川的感覺。一路上領隊除了解說冰川形成原因，有時候也會找條水流讓大家試喝冰河水。

建議服裝

走在冰河上沒想像中冷，加上一直走路，體感溫度大約13～15度，但時常會有冰河雨，因此服裝建議以防水輕便為主，上半身可以穿排汗衣+防水外套+帽子，下半身著防水褲+防水登山鞋。其中只有硬殼材質的靴鞋才能扣住冰爪，若是沒有也可直接在集合地點租一雙（ISK 500／雙）。

票價班次

以斯卡夫塔菲爾國家公園（Skaftafell National Park）的一日行程為例，統整各家價格和時間如下提供參考，若決定訂購前請最好再次確認當下的票價與時間。

行程訂購注意事項

● 有些網站上會賣冰川行程，但內容卻只有從雷克雅維克接送到冰川而已，不包含實際走上冰川的健行活動，所以在下訂行程以前請務必要看清楚行程的說明。

● 各家旅行社對於最低年齡限制各有不同，但其實這些年齡限制是因為小朋友釘鞋最小的尺寸只有到歐規35號，因此各位父母在下訂行程前，請務必先量小朋友的鞋子尺寸，如果年齡有達標準、但是鞋子尺碼卻小於35號的話，為了確保安全，建議還是不要參加比較好唷！

● 若參加冰川健行但未自備登山鞋，也可向冰川健行公司租借，一雙租金約為ISK 500～1,000左右。

Icelandic Mountain Guides

	2～3小時健行行程	4小時健行行程
季節	全年無休	5～9月
價格	18歲以上成人：ISK 13,490 10～17歲兒童：ISK 9,500	18歲以上成人：ISK 17,900 10～17歲兒童：ISK 12,500
限制	10歲以下兒童不得參加 請於出發前15分鐘到達準備集合著裝	10歲以下兒童不得參加 請於出發前15分鐘到達準備集合著裝
訂購 網站	https://www.mountainguides.is/tour/blue-ice-glacier-walk	

Glacier Guides

	5.5小時健行行程	6.5小時健行行程
季節	6～9月	6～9月
價格	15歲以上成人：ISK 19,990	15歲以上成人：ISK 28,990
限制	14歲以下兒童不得參加 請於出發前30分鐘到達集合地準備著裝	14歲以下兒童不得參加 請於出發前30分鐘到達集合地準備著裝
訂購 網站	http://www.glacierguides.is/	

TROLL EXPEDITIONS

	3小時健行行程
季節	全年
價格	8歲以上：ISK 14,499
限制	8歲以下兒童不得參加 請於出發前20分鐘到達準備集合著裝
訂購 網站	網址：https://troll.is/glaciers-in-iceland/glacier-tours/skaftafell-3-hour-glacier-hike/

Tour.is

	3.5小時健行行程（包含雷克雅維克市區接送，總耗時約9～10小時）
季節	全年無休
時間	每日－09：00自雷克雅維克旅館出發
價格	15歲以上成人：ISK 22,900、10-15歲兒童：ISK 17,333
限制	10歲以下兒童不得參加
訂購 網站	http://www.tour.is/day-tours/blue_ice

冰洞探險
Ice Cave Tours

專業領隊

　　冰洞常見於冰川的邊緣，其形成原理是從冰川融化的水順著縫隙流下，經過日積月累的沖刷而形成洞穴。由於冰洞的大小與形狀並非人為可控制，若冰川主體不夠厚，或底下的冰洞規模不大、整體不夠牢固等則有安全上的疑慮，因此每年條件充足可以帶旅客進入的冰洞也為數不多。而瓦特那冰川是歐洲最大的冰川，因此冰島上的冰洞也多源於此。

開放時間

　　最佳探索冰洞的季節在每年的11月至3月，也就是進入冬季、轉春季之前的期間。夏季由於氣溫較高，會加速冰洞融化、洞內積水甚至崩塌，因此不適合走冰洞行程。不過即使是報名了冬季的冰洞行程，屆時也必須視當下的氣候才能確認是否可以成團出發，若碰上連續大雨、暖化等因素而影響冰洞品質，領隊還是會視情況取消或延期，因此想報名此行程的旅客要做好隨時有可能變化的心理準備。

冰洞入口
冰爪是基本配備
有些路段需匍匐才能繼續前進

體驗內容

冰洞行程的前半段與參加冰川健行的內容差不多，也是會先從集合地點搭大型吉普車抵達冰川，接著領隊會讓大家穿上冰爪與安全帽、講解安全要領等事項，再引導大家徒步走上冰川直到冰洞入口處。

建議服裝

由於洞穴內的空間有限，有些地方必須要放低姿勢、甚至要匍匐爬行才能前進，因此穿著除了基本的防水禦寒功能以外，最好也選擇稍厚耐磨的材質，以免在移動過程中被銳利的冰塊及碎石給勾破。切記全程務必帶著安全帽，在狹小的空間內是保護頭部的重要裝備。

票價班次

Guide to Iceland

2.5小時的冰洞行程	
季節	9～4月
集合點	傑古沙龍冰河湖旁的咖啡廳Jökulsárlón café
價格	ISK 20,900，含冰爪、安全帽、導覽與集合點接送
限制	8歲以下兒童不得參加
訂購網站	https://guidetoiceland.is/book-holiday-trips/glacier-caving-in-vatnajokull

GLACIER ADVENTURE

3.5～6小時的冰洞行程	
季節	9～4月
集合點	Hali Country Hotel reception（位於Hofn的旅館）
價格	ISK 29,900，含冰爪、安全帽、導覽與集合點接送
訂購網站	http://glacieradventure.is/tour/blue-ice-cave-adventure/

Get Your Guide

3小時的冰洞行程	
季節	9～4月
集合點	傑古沙龍冰河湖旁的咖啡廳Jökulsárlón café
價格	ISK 19,900
特色	一天前取消可全額退費 最優價格保證
訂購網站	https://www.getyourguide.com/vatnajoekull-national-park-l2246/ice-cave-tour-by-vatnajoekull-glacier-t56089/

冰河湖遊船
Jökulsárlón Boat Tours

　　傑古沙龍冰河湖是全世界最大的冰河湖，湖面上長年漂浮著高達數層樓的巨大冰塊為其最大亮點，而若想要近距離接觸這些湖上的巨大冰塊，遊船就可說是造訪冰島必去的行程了。因為冰河湖連接海水鹽度較高的關係，因此這裡終年不結冰，所以冰河湖遊船是在冰島一年四季都可以搭乘、也最不會受到季節和天氣影響的local tour了。遊船的船隻分為機動性較高的小型橡皮艇Zodiac Boat及較大艘的水陸兩棲船Amphibian Boat，前者可自由穿梭於巨大冰塊之間，缺點是浮冰過多時就無法下水；後者機動性較低人數也較多，但比較不受到湖面浮冰過多的限制，因此一年四季幾乎天天皆可提供載客服務。

遊湖用的水陸兩棲船

導遊會從湖上撈起千年老冰跟遊客們介紹浮冰的差異和組成

開放時間

　　遊船行程常見於每年的4～10月，因冬季湖面會結冰，反而不適合出航，不同於冰洞屬於冬季限定的行程。

體驗內容

　　搭乘水陸兩用船下水後，兩側會有兩艘橡皮艇跟著，一艘負責找安全航線，一艘負責找浮冰遞給解說員，解說員會告訴大家冰河湖的成因與冰塊的故事，隨後還會讓大家嚐嚐千年冰塊的滋味。在船上能比較靠近湖後方的冰河，也能看見較大的浮冰，還能看見野生海豹恬意游泳，全程約30-40分鐘。

建議服裝

　　身處廣大的湖上面對寒風，讓體感溫度大概在3℃左右，因此建議身著防風禦寒的衣物為佳。另外也可考慮準備暖暖包放口袋暖手用。

票價班次

Glacier Lagoon

	Amphibian Boat Tour（水陸兩棲大船）	Zodiac Boat Tour（人數少的包船）
費用	13歲以上成人：ISK 6,300 6～12歲：ISK 3,000 6歲以下：免費	13歲以上成人：ISK 13,900 6～12歲：ISK 6,900
人數	可乘坐10人左右，會有專人在船上解說	適合4人左右的團體
開放時間	五月 10:00-17:00 六至九月 09:00-19:00 十至十一月中 10:00-17:00 建議下訂行程之前再次確認開放時間	
聯絡資訊	• 網址：http://icelagoon.is/ • 電話 +354 4782222 • 座標 N 64°02.903　W 16°10.766	

Ice Lagoon

	Adventure Tour	Private Tour
費用	15歲以上成人：ISK 13,900 6-15歲兒童：ISK 8,500 6歲以下不可參加	10位乘客共ISK 139,000
班次	彈性	彈性
人數	以小型的橡皮艇為主，很適合小團體	
開放時間	9:00～17:30　船家會視當天冰河湖上浮冰數量的多寡來決定適不適合讓橡皮艇下水	
聯絡資訊	• 網址 http://icelagoon.com/ • 電話 +354 860 9996 • 座標 N 64°02.800　W 16°10.761	

雪上活動介紹

狗拉雪橇
Dog Sledding Tours

體驗內容

依季節一般分為兩種，在雪季時（通常在1月～5月）會在雪地進行活動，隨隊會有一名嚮導駕駛雪橇犬，並沿路分享雪橇犬的知識，途中會休息，這段時間可以和狗狗拍照，牠們非常友善、訓練有素也喜歡被撫摸；而在沒雪的季節（多在6月～12月），則會進行陸地雪橇，雪橇會裝上輪子和手煞車，同樣由狗狗帶領前進。

建議服裝

由於在雪上前進，風冷又大，建議穿著防水保暖外套、手套、帽子和太陽眼鏡防眩光。

票價團次

冰島南部幾乎是由Dog Sledding旅行社出團，其它訂團資訊只是經銷商，而冰島北部近來也推出狗拉雪橇的活動，以下統整各家價格和時間提供參考，若決定訂購前請最好再次確認當下的票價與時間。

狗拉雪橇

團次	Dog Sledding（冰島南部）	Guide to Iceland（冰島北部）
價格	成人：ISK 32,900 成人（含接送）：ISK 47,500	成人：ISK 25,000，可加購接送行程
地點	莫斯費德斯拜爾Mosfellsbær（位於冰島首都區的市鎮）	雷恰利茲Reykjahlíð（位於米湖地區附近）
時間	整個行程約一個半小時，實際乘坐雪橇體驗約30-40分鐘	整個行程約一個小時
季節	全年開放，週末休息。4月、8月～11月最適合	7～10月
限制	孕婦不宜。BMI 30以下。雪橇重量限制95kg。最小年齡須年滿6歲。 若在11月～4月間要自行前往，建議開4WD 車款。 一次最多四至五位乘客	最低遊玩年齡10歲 一次最多兩位乘客
訂購網站	https://dogsledding.is/	https://cn.guidetoiceland.is/book-holiday-trips/north-iceland-dog-cart-tour

雪上摩托車
Snowmobile Tour

　　這項活動會在瓦特納冰原上進行，遊客先在山腳集合，再搭乘吉普車沿著原始道路F985號道上山，沿途會經過高山和深谷，最後到達冰原，接著換上保暖服裝，坐上雪上摩托車，此時領隊會說明安全規則，要求一台接著一台前進、保持車距不可超車，出發後就可以真正馳騁在純白色的雪原上。

　　一路上風滿大，但穿著雪衣完全不會冷，騎乘過程中會停下來休息，讓大家拍照或交換駕駛。

雪上吉普車

Glacier jeeps-Ice & Adventure

營業季節	3～10月間
活動時間	3小時（含1小時在冰川上）
價格	13歲以上成人 23,900 kr／12歲以下兒童 11,950 kr（含裝備）
裝備	安全帽、雪衣、雪靴、手套
訂購網站	http://www.glacierjeeps.is/

海上活動介紹

出海賞鯨鳥
Whale Watching & Puffin Tours

　　冰島有豐富的海洋資源，加上峽灣地形成為天然屏障，自然吸引了許多大型鯨魚來此活動，其中北部的胡薩維克小鎮（Húsavík）為主要賞鯨大城，附近海域因為有北大西洋暖流經過，吸引了大量海洋動物群聚，而海豚及鯨魚更是這裡的常客，常見的有座頭鯨、小鬚鯨、白色突吻海豚及鼠海豚等，是舉世聞名的「賞鯨之都」。根據當地賞鯨公司貼出的統計資料，在旺季時出海賞鯨，看到鯨魚的機率高達99.1%！

　　冰島的出海賞鯨行程通常會連同「賞海鸚」一起打包銷售，主要就是因為冰島是北極海鸚（puffins）最大的棲息地，世界上百分之60%的海鸚都以冰島為家，因此除了胡薩維克之外，在冰島東部的漁港小鎮斯蒂基斯霍爾米及首都雷克雅維克、北方大城阿庫瑞里其實也都有提供賞鯨及賞鳥的出海行程。

體驗內容

　　在出海前30分鐘建議先吃一顆暈船藥，上船後會發放防寒衣，抵抗北大西洋的冷空氣。出海後解說員會講解鯨魚生態，船長則透過波浪中的彩虹或是魚背來尋找鯨魚，過程中大家幾乎都會暈船，隨時保持頭部平衡會好些。最後回程路上還可以吃到美味的肉桂麵包和一杯熱可可。

美麗的Husavik小鎮

快艇賞鯨船

座頭鯨

NORTH SAILING

從胡薩維克Húsavík出發			
項目	期間	耗時	價格
經典賞鯨	3/01～11/30	約3小時	ISK 11,300
環保賞鯨	5/01～9/30	約3小時	ISK 11,900
賞鯨賞鳥	4/16～8/19	約4小時	ISK 13,300
聯絡資訊	網址：http://www.northsailing.is/home/ 電話：+354 464 7272 地址：Garðarsbraut, 640 Húsavík, Iceland		

Gentle Giants

從胡薩維克Húsavík出發			
項目	期間	耗時	價格
賞鯨	4/01～11/30	約3小時	16歲以上：ISK 10,990 7～15歲：ISK 5,990 0～6歲免費
賞鯨賞鳥	4/01～10/31	2.5小時	13歲以上：ISK 19,900 8～12歲：ISK 13,900 8歲及130cm以下不可參加
聯絡資訊	網址 https://www.gentlegiants.is/ 電話 +354 464 1500 地址 Harbour side, 640 Húsavík, Iceland		

Elding

從雷克雅維克Reykjavik出發 或 從阿庫瑞里Akureyri出發			
項目	期間	耗時	價格
經典賞鯨	全年無休	3小時	16歲以上：ISK 12,990 7～15歲：ISK 6,495 6歲以下免費
高級賞鯨	4/01～10/30	2小時	16歲以上：ISK 21,990 10～15歲：ISK 21,990 10歲及145cm以下不可參加
聯絡資訊	網址 https://www.elding.is/ 電話 +354 519 5000 地址 Reykjavík's Old Harbour, AEgisgardur 5, 101 Reykjavík, Iceland		

板塊間浮潛
Snorkeling in Silfra

體驗內容

　　冰島位於美歐板塊之間，島上處處可見板塊運動的痕跡，而板塊分離造成的裂縫則形成了天然的潛水點Silfra，就位於辛格維利爾（Thingvellir）國家公園內，由於水質清澈、能見度高，被列為世界50大潛水地點之一。在浮潛之前，旅行社會提供潛水衣和裝備，並說明如何使用，而浮潛過程主要分成四個部分：一、首先游經Silfra裂谷，這裡是板塊間最窄的地方，伸手就幾乎可以同時觸摸兩大板塊；二、再來會經過Silfra 大廳，可以看見能見度100公尺的水質以及光在水裡的舞動；三、接著來到Silfra大教堂，這裡水深23公尺，會有種正在飛越巨石的感覺；四、最後到達Silfra湖完成浮潛。上岸後旅行社還會提供熱巧克力和餅乾來做為整趟活動的結束。

建議服裝

- 會先穿著自身的保暖衣物，之後再穿上由旅行社提供的潛水服，為了避免水灌入，衣服本身比較緊些，袖口與領口還有一段很緊的橡膠縮口，穿著時先穿棉製連身服，再穿橡膠緊身衣，套上手套、頭套、橡膠鞋，最後穿上蛙鞋便完成。

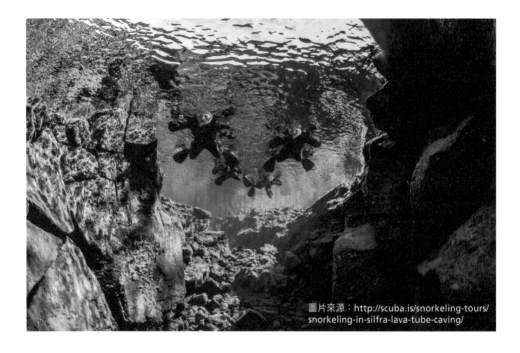

圖片來源：http://scuba.is/snorkeling-tours/
snorkeling-in-silfra-lava-tube-caving/

- 有戴眼鏡的人請攜帶隱形眼鏡。
- 在氣溫10度時，水溫大約只有3度，不過只要穿上潛水服便感受不太到寒冷，因此不用太擔心寒冷問題。

票價團次

旅行社	Dive.is	Adventures.com
價格	每人：ISK 21,990（含門票） 每人：ISK 28,990（含門票、接送）	每人：ISK 27,990（含門票） 每人：ISK 28,990（含門票、接送）
時間	約2.5小時（含裝備穿脫與說明，浮潛時間約30-40分鐘，若要市區接送則須再加2小時來回車程）	約3小時（若要市區接送則需再加兩個小時的車程時間）
季節	全年	全年
限制	身高體重至少150cm、45kg。12歲以上。 會游泳且對水沒有不適感。孕婦禁止。 浮潛前需簽署責任書	12歲以上 會游泳且對水沒有不適感 孕婦禁止
訂購網站	https://www.dive.is/→點選Snorkeling Silfra，於網頁下方選擇適合的行程訂購	https://adventures.com/iceland/tours/activities/snorkeling/snorkeling-in-silfra/

火山周邊活動介紹

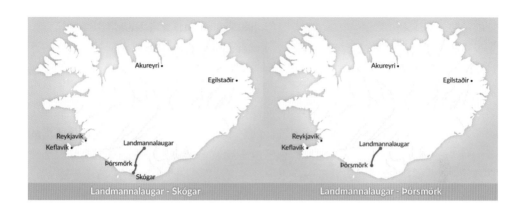

Landmannalaugar - Skógar　　　　Landmannalaugar - Þórsmörk

火山健行
Hiking & Trekking Tours

開放時間

　　火山健行是冰島內陸登山客最為風行的local tour之一。其中又以冰島西南部內陸的有「彩色火山」之稱的蘭德曼納勞卡Landmannalaugar 周邊最為熱門。這一區的地形因為長年受到硫磺及火山作用的關係，附近地質因而呈現黃、紅、橘、藍等五彩斑斕的色彩，宛如被上帝潑灑的油彩畫般，因而素有「彩色火山」的美名。這裡是不少當地人心目中覺得冰島最美麗的地方，也是冰島第三大的地熱區，附近因地質特殊且有豐富的溫泉跟地熱，官方在此設立了不少健行步道可供遊客健走。此處因位於內陸、交通極度不便，健走行程通常為多日行程，因此營區附近甚至有冰島官方設置的公共衛浴小木屋，最多可容納75人入住，每隔數十公里也有急難用的小木屋可供使用。

體驗內容

　　從彩色火山出發，有區分為半天4小時到全天7小時左右的短行程，適合當日往返；另一種則是3〜5天、甚至10日以上的長途行程，適合體力較佳且時間充足的遊客。

短程健行路線

　　● 健行路線A（2小時）：Laugahraun lava field－Mt. Brennisteinsalda

● 健行路線B（4小時）：Mt. Bláhnjúkur－Ljótipollur crater lake

長程健行路線

● 熱門路線A （4～5天／56公里）：Landmannalaugar－Þórsmörk
● 熱門路線B （6～7天／73公里）：Landmannalaugar－Skogar

建議服裝

　　火山健行的路線對於體力及耐力的考驗相當高，因此最好穿著專業登山服裝，衣著的部分建議以防水防寒散熱透氣性佳的材質為主，鞋子則絕對建議穿著防滑的登山鞋；另外，多數火山健行的行程只有夏季開放，但部分山區仍因地勢較高而會有積雪產生，因此建議攜帶冰爪以及登山杖等專業登山及防滑器具，避免危險。

票價班次

　　火山健行的價格依照交通方式及天數略有不同。彩色火山身處內陸交通不便，因此前往的方式可區分為『自行搭車』或是參加由當地旅遊業者直接從市區提供接駁到彩色火山並導覽的『全套行程』。

自行搭車

　　在雷克雅維克有兩家遊覽車公司提供前往彩色火山的巴士：

旅行社	Trex	Reykjavik Excursion
價格	單從雷克雅維克出發： ● 到Þórsmörk或Landmannalaugar：ISK 12,900 ● 健行護照Hikers bus pass：ISK 23,900（去回程可搭乘任意車次，兩條路線可供選擇） 	購從雷克雅維克出發： ● 到Þórsmörk：ISK 8,999 ● Landmannalaugar：ISK 9,999 ● Grænihryggur健行路線含嚮導：ISK 27,999
期間	6～9月	6～9月
網址	https://trex.is/tours/	https://www.re.is/highland-bus/

全套行程

　　有多家旅行社提供前往彩色火山的多日行程，其中以Icelandic Mountain Guides
的選擇最為豐富，依照健行路線及天數不同，價格略有差異。

旅行社	Icelandic Mountain Guides
價格	五至六天：ISK 101,000～309,000
住宿	山屋
期間	6～9月
難度	中等到較難
路段	Complete Volcanic Trek，Landmannalaugar Þórsmörk
網址	https://www.mountainguides.is/hiking-trekking

火山地洞探險
Lava Cave Exploration

圖片來源：https://www.extremeiceland.is/en/activity-tours-iceland/caving-iceland/cave-exploration-lofthellir

體驗內容

　　地洞位在米湖附近，旅行社會先沿著Hvannfell火山行走，接著在熔岩平原徒步約30分鐘來到地洞Lofthellir的洞口，地洞已經形成3500年之久、有370公尺長，擁有冰島最大的天然冰雕，在離開地洞後，會到米湖附近的Reykjahlið農村稍事休息再返程。

建議服裝

　　洞穴內溫度約0度，請自備鞋子、防水外套和手套，並穿著旅行社準備的安全帽、手持燈和橡膠鞋。

票價團次

旅行社	Adventures.com
價格	從Myvatn出發：ISK 37,900/人 從Reykjavik出發：ISK 7,500～47,000/人， 7-15歲孩童半價
時間	簡易的約1.5小時，中等程度的約4-5小時
季節	有全年以及五至十月等期間限定的行程
限制	價格不含午餐，需自備 幽閉恐懼者不宜 有的行程8歲以下孩童不宜參加
訂購網站	https://adventures.com/iceland/tours/activities/lava-caving/

空中活動介紹

飛行遊覽
Helicopter Tours

搭直升機活動詳見
https://www.helicopter.is/

　　冰島的景色像是冰川、山脈和火山看起來是如此壯觀，然而在空中，這些地形看起來又更加令人驚嘆，一趟飛行遊覽會一次帶你領略Tindfjallajökull和Eyjafjallajökull冰河的遼闊，感受2000年曾爆發的Hekla火山，俯瞰特殊流紋岩層的Landmannalaugar，以及金圈的Gullfoss瀑布、Geysir間歇泉和Thingvellir國家公園，絕對能讓冰島之旅留下不一樣的視角。

從空中看火山爆發

　　冰島位於板塊交界，因而在島上形成了上百座大大小小的火山，其中不少仍保持活躍狀態，最近一次的火山活動是在2023年7月噴發的Fagradalsfjall火山，當地旅行社隨即推出搭飛機看噴發的行程，乘坐小飛機飛行約1.5小時，每位旅客都可以從窗戶欣賞到火山噴發，唯一要注意的是，此行程只在有火山爆發時開放，其他時候無法訂購。

圖片來源：https://guidetoiceland.is/

陸上活動介紹

騎冰原馬
Horse Riding Tours

　　冰原馬（又叫冰島馬）是冰島的特產之一，冰島文叫做 Hestar。原生冰原馬的特點是身體很挺、腿很短、肚子大，外型類似矮種馬，非常可愛。經過當地居民改良之後，作為騎乘用途的冰原馬就比較高壯一點，體格也比較接近我們所熟知的駿馬體態。因為數量稀少、又是冰島特有的關係，所以騎冰原馬也就變成了冰島北部的特色戶外活動之一。

體驗內容

　　冰島騎馬行程從北到南通通都有馬場可提供相關套裝行程，例如著名的南部金圈Golden Circle、彩色火山Landmannalaugar等地均可參加騎乘體驗兼欣賞周邊風光，行程的價格則是依照騎馬的地點而定。除了單日騎乘行程之外，業者還另外針對較有經驗的騎馬高手們提供了為期數天的多日行程，價格區間大約在€890以上，價格則是依照行程天數及路線各有不同。所有行程當中最特別的當屬「冰島趕羊體驗Sheep Round」及「午夜極光騎馬行程Northern Light Riding」，前者是由一個領隊帶領大家一起加入冰島特殊的放牧趕羊活動；後者則是冬季時特有的活動，在午夜時騎著冰原馬享受馳騁在極光下的特殊體驗。

票價班次

Is Hestar

	Day Tour	2～6 Day Tour	8～10 Day Tour
價格	有老少咸宜的行程,如在馬場、火山熔岩、舒適與維京等主題行程。價格依路線而有不同,約在ISK 4,900～26,900不等。	沿著海灘、高地、火山與瀑布等景點的騎乘路線。價格依路線而有不同,約在ISK 14,800～41,500不等。	適合有經驗的進階騎乘者。將深入山林、火山地形與祕境,想挑戰極限者可嘗試。價格依路線而有不同,約在ISK 550,000～683,0000不等。
聯絡資訊	網址:http://www.ishestar.is/ 電話:+354 555-7000 地址:Sörlaskeið 26, 220 Hafnarfjörður, Iceland		

Eld Hestar

	Half Day Tour	Day Tour	2～5 Day Tour	6～8 Day Tour	3～4 Day Tour（冬季）
價格	依時數長短有分1小時、1.5-2小時、2.5-3小時的行程。價格:15歲以上 ISK 10,000～18,200 7-14歲 ISK 8,000~14,560	依時數長短有分2-3小時、5-6小時的行程。價格:15歲以上 ISK 22,950~30,800 10-14歲 ISK 18,360~24,640	有沿著火山與跋山涉水的行程。依天數與下榻民宿或旅館而有不同價格,約在ISK 93,700~310,000不等	含住宿與餐點。價格及開團日期請參考網站最新資訊或是寄Email確認	有著極光與在雪地騎乘等行程。價格及開團日期請參考網站最新資訊或是寄Email確認
季節	全年皆可,有的依照極光或雪地等主題會有季節限定				
聯絡資訊	網址 http://eldhestar.is/ 電話 +354 480 4800 地址:Vellir, 816 Ölfus				

Polar Hestar

	Day Tour	6～7 Day Tour	7～8 Day Tour
價格	1 hour:ISK 7,500 2 hours:ISK 12,000 3 hours:ISK 15,000	€1,580	€2,250
注意事項	6歲以下無法參加	12歲以下無法參加	
聯絡資訊	網址:http://www.polarhestar.is/ 電話:+354 896 1879 地址:Grýtubakki II 616 Grenivík, Iceland		

冰島趣聞：可愛動物區

冰島國鳥：北極海鸚Puffin

冰島有一種非常可愛的海鳥叫Puffin，有著天生困擾臉，胖胖的身體加上小短腿，走起路來左搖右擺，降落時會挺出圓滾滾的肚子著陸，待在陸地的Puffin沒事會甩頭，有一隻甩，其它隻也會跟著甩，就像打哈欠一樣停不下來，其他時候也會望向海中，只是每隻看海的方向都不一樣而已。由於模樣實在太可愛，因此被設計成各式各樣的明信片和紀念品，來冰島一定會看到。

然而，牠們的本領可不像外表一樣憨，如果有入侵者想登陸，牠們會成群而起，在空中形成旋轉隊形，讓入侵者找不到突破口，除此之外，牠們秋冬季都待在海上，防水的羽毛可以漂浮、身體構造能喝海水、餓了就潛水捕魚，一口氣可憋30秒到1分鐘，輕鬆潛入30公尺深，在海中揮動短短的翅膀和帶蹼的腳掌，泳速就快到能夠捕魚，像在水中飛翔，所以也稱作最強潛水鳥。

另外、叼魚能力也是一絕，Puffin在春夏繁殖季會回到懸崖築巢，然後往返海中抓魚來餵幼鳥，特殊的鳥喙構造讓牠們一次能銜住10條魚，省下往返的體力，進而讓每次的出海飛得更遠，而海鮮外帶的最強記錄出現在英國，那隻Puffin一次抓了62條魚。想看的話來冰島就對了，全球60%的Puffin都在這裡等你唷。

特有種：冰島馬

長長的鬃毛不時會蓋住眼睛、外表看似短腿小隻馬，但體重、骨骼結構及承載能力都是屬於馬的等級，不小心流露的自信是因為牠們在冰島沒有天敵，然而、牠們並不驕傲，牠們友善、牠們耐寒又長壽。這樣的冰島馬被鄰近國家發現後，在1940年左右紛紛開始出國了，從第一隻去了德國之後，數量便漸漸增加，現在留在冰島國內約有8萬隻，旅外則有10萬，其中將近一半在德國。為了避免外來疾病和保護純種血統，冰島法律規定出國的馬就不能再回國，同時禁止進口馬匹到冰島，

所有的馬用品也必須是全新的，否則一旦疾病爆發，會對無抗體的冰島馬造成嚴重影響。

對當地人來說，冰島馬在耕種、表演和旅遊都幫得上忙，千年來被視作「最有用的朋友」，所以要是想正確惹火冰島人的話，只要在他們面前喊聲迷你馬就可以囉。

全身上下都很值錢：冰島羊

冰島的羊數量比人口還多，多了將近兩倍，走到哪都可以看到羊，像是公路旁或沿岸農場，極端一點還可以在峽灣或高山看到羊咩咩在散步。而他們身上蓬鬆的羊毛也常被用來製成衣物，因此印有傳統花色的冰島羊毛衫也是必買紀念品。而羊排也常見於桌上佳餚，其中冰島的古怪菜色之一：羊臉也是一般冰島家庭會買回家烹煮的料理。

可觀賞的野生動物

鯨魚

冰島的峽灣地形提供了良好的庇護場所，許多鯨群因此悠游在冰島周圍，北部的北大西洋甚至有藍鯨等級的大型鯨魚出沒。

座頭鯨

北極狐

　　小小隻又毛茸茸，生性害羞，毛色會隨季節變換以形成保護色，夏天是棕色，冬天變成白色。在冰島主要出沒於西北峽灣的北方地帶。

馴鹿

　　在十八世紀時，冰島從挪威引進馴鹿，原意為幫助農民耕作，卻一直沒被馴化成功，才形成今日的野生動物。馴鹿目前多棲息於東部地區，全島上約有三千頭野生馴鹿。

被貓統治的城市

　　幾乎每位旅人走在雷克雅維克的街道都會遇見貓，根據統計，全市約有2萬隻貓，原因可以追溯到有養狗禁令的時代，對當時的居民來說，如果要養寵物，大多會選擇貓咪，但當時的人們還沒有讓貓帶項圈的意識，因此貓咪只要一出門很容易就變野貓了，直到政府改用植入晶片的方式取代項圈之後，滿街貓咪的景象才逐漸改善，時至今日、有晶片的貓咪可以自由上街溜躂，所以平時走在街上常有機會看見胖貓在漫步，或靠著牆打盹。

野生海豹

冰島禁養的寵物

不能養狗

　　1984年以前首都是規定不能養狗的，因為多數住在都市的居民是鄉村第一代或第二代，他們認為狗是農場動物，無法適應城市生活，另一個原因是擔心動物疾病會傳染給人類，禁令一直持續到有位名叫Albert的人養了一條狗被人向警方舉發，引來媒體關注後，輿論開始發酵，最終迫使政府逐漸開放禁令，直到2006年養狗才完全合法。

不能養烏龜、蛇、蜥蜴

　　為了防止動物的疾病傳染給人類，引發不可收拾的傳染病，時至今日，養上述寵物在冰島依舊是違法行為，其他動物禁令像是不進口馬匹、不能養狗等等也都是基於相同理由。

冰島沒有北極熊

　　由於地理位置靠近極圈，許多旅人會好奇哪裡可以看得到北極熊，可惜的是，這裡有北極狐、有馴鹿，但就是沒有北極熊。不過話雖如此，北極熊偶爾還是會出現，比如2008年就有兩隻熊在格陵蘭爬上浮冰，然後不小心飄到冰島，如果在冰島現身，大多是因為這樣登場。

Chapter 6

訂房住宿篇

Accommodations

冰島雖然沒有連鎖大型旅館，但其實很多私人經營的民宿或農場和可見的風景可能比大型旅館飯店更棒，而且每間民宿依照主人各自的品味和喜好裝潢內部空間，反而更能體驗到當地獨有風情。

冰島的住宿類型

住宿型態	Hostel 青年旅社	Apartment 公寓式旅館／Vacation Rental 假日出租公寓	Bed and Breakfast（簡稱 B&B）住宿加早餐	Guesthouse 民宿	FarmHouse 農莊／農舍
特色	常以床位為單位銷售，主打低價、資訊交流等特色。房型可分為男生房、女生房及混合房，也有提供單／雙人房的房型。	公寓型出租民宿。內部通常有最基本的一房兩廳一衛，基本上都包含炊煮設備和生活用品。	多由私人或家族經營的小型旅館。民宿所在位置通常在知名景區附近。	多由私人或家族經營的家庭旅館，提供數間客房，與前者差異在於不一定提供早餐。	農場經營的附設民宿。農莊旁常有大片放牧草地或農場，地點多分布鄉下或郊區。
規模及房型	房間數量多，床位常為上下鋪的形式，須與他人共用房間、衛浴及客廳	常以包棟的方式出租。	客房數量少，每間客房裝潢、大小可能各有所異，房間數量少。	客房數量少，每間客房裝潢、大小可能各有所異，房間數量少。	客房數量少，內部裝潢依照各家農場業者偏好而異。
附加服務	幾乎無人工附加服務，但青年旅社裡通常有洗衣機、烘衣機等設備供住戶使用。	因是將整棟房屋出租給遊客，因此除了入住手續和緊急連絡外，平常幾乎不會有外人干擾，餐飲及洗衣等都要自己來。	無	無	可以順便跟老闆聊天獲得旅遊資訊或私房景點。
餐點	早餐的餐點多為簡易自助式早餐。	多不供應餐點，但可在公寓裡的廚房內自行烹煮。	房價包含早餐費用。部分民宿甚至提供付費晚餐，若事前預訂，還可吃到特製晚餐。	房價不一定含早餐。但部分民宿可付費加購。	通常是用自家農場生產的牛羊雞豬和鮮乳雞蛋製作的早餐。部分民宿提供付費晚餐。
其他	地點通常位於房價昂貴的知名景點或車站附近，以低價但較少的服務吸引住戶，適合旅遊經費有限的學生。	生活用品齊全且可自行烹煮三餐，非常適合超過 4 人以上團體自助出遊的家庭遊客。	地點分布很廣，從知名景點附近到隱密的山區湖邊通通都可以看到 B&B 的蹤影。	非常適合喜歡異國風格的特色民宿、預算有限或是想接觸國外當地生活、喜歡交朋友的遊客。	這類的農莊大多分布在鄉下地區，非常適合喜歡遠離都市親近大自然、喜歡小動物、有帶小孩子闔家出遊、或是有開車又想省錢的遊客。
網站	● https://www.hihostels.com/ ● http://www.chinese.hostelworld.com/ ● http://www.yha.org.uk/around-the-world	● https://www.airbnb.com.tw/ ● https://www.vrbo.com/	● https://www.airbnb.com.tw/	冰島各區的推薦民宿網站詳見後面東、西、南、北部的住宿介紹文中。	● https://www.farmholidays.is/ ● http://farmhouse.is/

各大訂房網站介紹

　　除上述各種不同住宿型態的網站之外，如果你對自己要住哪種房型還不是很確定，想先看看各種房型的照片和價格再下決定的話，下面也有一些網站可以提供你一個較為完整的比較平台：

Accommodation in Iceland

　　這個網站是我最推薦的冰島住宿網站，網頁上會用地圖的方式顯示出各區可供挑選的住宿地點，因為是用地圖方式顯示，能夠一目了然，你可以依照自己行程的規劃路線挑選合適的住宿地點。如果對於某種房型比較有偏好，也可以直接在地圖上進行篩選，選擇只列出想要的住宿選項，如「農莊Farm Holidays」或是「民宿Guesthouse」等。

http://accommodation.is/

Tripadvisor

　　這個國外旅遊評價平台集結了全世界旅客在各地旅遊住宿後的評價，只要輸入地點和日期後，網頁上會顯示該區域的所有住宿選項、網友評價和各訂房網站上的價格。這個網站集結了幾乎所有知名訂房網站的價格，不僅可以讓你輕鬆比較各訂房網站上面的價格之外，還可以查看下方網友們對於不同民宿的評價和經驗分享，對於初次去冰島的人非常實用。

https://www.tripadvisor.com.tw/

國際性的大型住宿比價平台

Booking.com（www.booking.com/）　　　Agoda（https://www.agoda.com/zh-tw/）

Hotels.com（https://www.hotels.com/）　　Expedia（https://www.expedia.com.tw/）

● HotelsCombined（https://www.hotelscombined.com.tw/）

便利的網路訂房

　　現在多數的訂房網站都有中文介面了，所以使用網站訂房的步驟很簡單，只需要輸入出發的日期時間和地點之後就可以開始搜尋了。上述的訂房網站都有篩選及排序功能，搜尋時可依照個人偏好去篩選條件，就不必在一堆住宿中大海撈針，迅速找到喜歡的住宿。

訂房注意事項

務必留意取消條款和退款政策

　　國外訂房網站通常會有不可退款或禁止取消的優惠折扣（Non-Refundable），也就是在訂房時就預付或是先鎖住一筆費用，一旦下訂了房間後就不可以更改或取消，萬一住宿當天人沒到的話，對方就會收取全額或部分的費用。這類優惠折扣比較適合給行程已經非常確定不會更改的遊客使用，萬一行程尚未確定的話，取消訂房可是會被收取費用的，所以大家在訂房前務必確定自己購買的房間是否可以全額退款？是否可以自由取消？一般來說，可退款的訂房契約都是規定入住前24～72小時之內取消，可全額退費；不過各家飯店規定略有不同，請務必留意。

多看看網路評價

　　看到超便宜折扣價馬上心動想下訂嗎？先等等，建議你先到Tripadvisor上面去搜尋一下網友們的評價唷！這個網站上有來自世界各國的網友們對各個住過的旅館或飯店留下的評價，參考過網站上的評價和評分，比較不容易在選住宿地點時踩雷。

確認衛浴設備是否共用

　　冰島民宿大多是由私人住家改裝，所以很多民宿會提供「共用衛浴」（Shared Bathroom）的雅房，這類的房間內部沒有私人衛浴，只有床鋪和簡單的衣櫃桌子等設備，房價通常會比含衛浴的套房便宜。若是不想和他人共用衛浴的話，請務必看清楚房間有沒有包含私人衛浴設備。

訂房步驟

- 先決定旅遊路線：這樣才能知道你在哪個區域停留的時間和天數

- 在網站上輸入確切的停留日期和地點開始搜尋

- 輸入篩選標準，例如要有停車場、靠近機場或景點等

- 視自己的偏好決定排序，例如價格由低至高、或網路評價高低等

完成以上步驟之後，就可以開始挑選喜歡的住宿囉！

自助check in／out的方式

　　一般來說，如果你住的是旅館或是民宿，基本上都會有人員在櫃台為你辦理入房服務，入住的時候只需要走到櫃檯前提供訂房資料和護照就可以辦理入住。不過因為冰島地廣人稀，所以很多民宿是採取自助式check in的入房方式，也就是像「大地遊戲」那樣，必須自己拿鑰匙、找房間和想辦法開門，

自住入房的步驟

● 在入住前的1個星期，民宿業者會寄給你一封包含「房號」和「鑰匙盒密碼」的信

● 到達民宿位置後，依照信中的地址找到當天下榻的房間或公寓

● 在門旁邊的鑰匙盒外面輸入鑰匙盒密碼，鑰匙盒就會自動開啟

● 房間的鑰匙就擺放在鑰匙盒中

● 使用此鑰匙就可以順利開啟房門入住囉！

退房前的注意事項

　　由於自助式的民宿或公寓並沒有清潔人員或櫃台人員隨時檢查房間狀況及辦理退房，所以幾點必須注意：

將房間回復原狀

　　這種自助式的民宿或是無人管理的公寓民宿，在退房時的標準通常都是要「回復房間原狀」，也就是說：房間不能過度凌亂，公寓的部分則是必須把垃圾打包好後丟到垃圾車內，這樣才算將房間回復原狀唷！基本上這些自助式的民宿和公寓都是採取互信原則，不過如果事後發現房間太髒亂的話，仍有可能會事後在你的信用卡上收取一筆清潔費用，所以退房時請保持應有的整潔唷！

妥善安置鑰匙

　　最好事前詢問民宿業者在退房時該將鑰匙置於房內桌上或將鑰匙擺回密碼鑰匙盒內？這樣較能避免退房離開後，對方找不到鑰匙而產生後續糾紛。

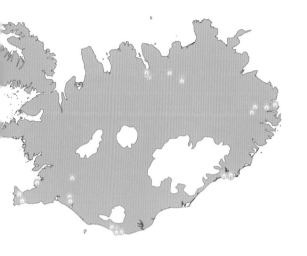

各地區的推薦民宿

　　冰島住宿的選擇其實不多，除了雷克雅維克和阿庫瑞里等大城鎮之外，其餘的住宿大多都分布在較多居民的小鎮或是景點附近，而景點與景點之間的公路上則只有少數的農莊民宿可供選擇，所以多數遊客會選擇下榻在距離景點或小鎮近一點的地方。

西部住宿

　　西部最主要的停留點就是首都雷克雅維克。雷克雅維克市區巡禮的景點有大教堂Hallgrímskirkja、音樂廳Harpa、維京船骨架Sólfar、商店大街Laugavegur Shopping Street，因為是大城市，所以住宿選擇比其他地區多很多，價格區間也比較廣。

冰島住宿的房價，會隨著淡旺季與月份不同而有浮動，因此若想找到喜歡的住宿最划算的價格，請逕自到第三方比價網站搜尋比較。

冰島西區民宿網站
https://www.west.is/en/food-accommodation/accommodation/guesthouses

機場周邊

Kef Guesthouse

- 網站：http://kefguesthouse.is/
- 地址：Framnesvegur 10 , Keflavik 230
- 電話：+354 588 9999
- Email：info@kefguesthouse.is
- 房間坪數：20平方米（約6坪）
- 備註：離機場約10分鐘車程的民宿，訂房含機場接送與免費自助式早餐，房間及公共衛浴皆乾淨簡潔，也有免費Wifi可使用。

藍湖周邊

Silica Hotel（四星級）

- **網站**：http://www.bluelagoon.com/blue-lagoon-spa/accommodation/
- **地址**：Grindavik 240（位在藍湖主建築內）
- **電話**：+354 420 8800
- **房間坪數**：26平方米（約8坪）
- **備註**：位在藍湖園區內部的飯店，內部僅15間住房提供住宿，住宿的客人除了可享用私人溫泉設備，也可免費使用藍湖公共溫泉。

雷克雅維克Reykjavík周邊

Hotel Phoenix（三星級）

- **網站**：http://www.phoenix.is/
- **地址**：Laugavegur 140, 105 Reykjavik
- **電話**：+354 511 5002
- **房間坪數**：14平方米（約3坪）
- **備註**：雷克雅維克市區裡老字號的飯店，位置就在主要大街底端再往前走400公尺左右，離市區稍遠但網路評價高，飯店裝潢為古典歐洲風格。

Rey Apartments（三顆半星級）

- **網站**：須至第三方訂房網站訂房
- **地址**：Grettisgata 2A, 101 Reykjavík
- **電話**：+354 771 4600
- **Email**：info@rey.is
- **房間坪數**：22平方米（約7坪）
- **備註**：位於商店、紀念品店、超市、手工藝品店聚集的主要大街Laugavegur旁靜巷內的公寓式旅館，直走50公尺就是商店大街、巷子另一邊約200公尺處就是雷克雅維克大教堂Hallgrímskirkja，距離機場巴士站僅700公尺，地點方便且鬧中取靜，因此網路上評價也相當好。房間裝潢為窗明几淨的北歐風。

Room With A View Luxury Apartments（四星級）

- 網站：http://roomwithaview.is/
- 地址：Laugavegur 18, 101 Reykjavik
- 電話：+354 552 7262
- Email：info@roomwithaview.is
- 房間坪數：50平方米（約15坪）
- 備註：距離雷克雅維克大教堂Hallgrímskirkja和巴士車站近，但因位在遊客最多的商店大街上，方便但商店營業時間可能較為吵雜。房間設計為都會時尚風，房間空間大。建築的頂樓有公用的熱水浴缸可使用。

Midgardur by Center Hotels（四星級）

- 網站：https://www.centerhotels.com/en/hotel-midgardur-reykjavik
- 地址：Þverholt 14, 105 Reykjavik
- 電話：+354 595 8500
- Email：reservations@centerhotels.com
- 備註：位於雷克雅維克主要大街上，生活機能優越，附近有24小時超市，餐廳、博物館與知名景點都近在咫尺，門口就有13號公車站牌，機場往返或參加一日遊都可在此上下車，適合沒有開車自駕的旅客。飯店裡附有熱水浴池、露天泳池及健身房等設施，適合喜歡享受的旅客。

Loft - HI Hostel

- 網站：https://www.hostel.is/en/hostels/hi-reykjavik-loft
- 地址：Bankastræti 7, 101, Reykjavík
- 電話：+354 553 8140
- Email：loft@hostel.is
- 備註：位於雷克雅維克最熱鬧的Laugavegur街上，附近步行50公尺就有超市，距離必遊景點的哈爾格林姆教堂只需步行約10分鐘，是評價高很搶手的一間旅社。

Kex Hostel

- **網站**：https://www.kexhostel.is/
- **地址**：Skúlagata 28 , 101 Reykjavík
- **電話**：+354 561 6060
- **Email**：kexhostel@kexhostel.is
- **備註**：主打「社交」的Kex是由一家舊餅乾工廠所改建的旅館，室內利用回收材料和舊物品來裝飾，結合了有機與復古工業感的現代風格。旅館一樓有餐廳和酒吧，與基本的廚房、洗衣房等設施，適合喜歡嚐鮮交朋友的旅客入住。

南部住宿

　　冰島南部這一區距離冰島國際機場最近，所以是多數遊客進入冰島後第一個前往的區域，若抵達冰島的時間太晚，也可選擇在機場附近先過一夜，隔天早上再開始行程。這一區最主要的景點就屬藍湖Blue Lagoon及金圈之旅Golden Circle、及南部的維克鎮Vik。

　　金圈之旅包含了Þingvellir國家公園、間歇泉和黃金瀑布三個景點。若不想走馬看花的話，一個下午是絕對玩不完的，所以建議在行程安排時可以選擇住在靠近金圈之旅附近的住宿，利用1～2天的時間細細品味。

　　維克鎮附近的景點密集且餐廳及住宿選擇也較多，又是一天車程可達的最遠距離，所以是很多遊客選擇作為南部車程的中繼站。

冰島南區民宿網站
https://www.south.is/en/food-accommodation/accommodation/guesthouses

金圈景點周邊

Farmhotel Efstidalur

- 網站：https://efstidalur.is/
- 地址：Bláskógabyggð, 801 Laugarvatn
- 電話：+354 486 1186
- Email：info@efstidalur.is
- 備註：位於金圈內的艾弗斯達勒農場旅館，距離景點Geysir間歇泉、Gullfoss古佛瀑布只需15分鐘的車程，並附有餐廳與酒吧，旅館旁還有牛舍、馬圈，可以近距離與動物接觸，也有付費的騎冰島馬活動可體驗。

Galleri

- 網站：http://www.gallerilaugarvatn.is/
- 地址：Háholt 1, 840 Laugarvatn
- 電話：+354 847 0805
- 房間坪數：12平方米（約4坪）
- 備註：距離國家公園20分鐘車程，地點位在國家公園和間歇泉、黃金瀑布中間的小木屋民宿，民宿老闆主要經營木雕藝廊，房間空間不大但裝潢極富特色，房價含早餐。

賽爾弗斯Selfoss周邊

South Central Apartments

- 網站：https://southcentral.is/
- 地址：Brautarholt Skeiða- og Hrunamannavegur, 801 Selfoss
- 電話：+354 823 3999
- 備註：位於30號公路旁的南中央旅館，一整排平房共有五間房，內裝有著簡約乾淨的風格，每間都有獨立流理臺與衛浴。距離西南部景點幾個知名瀑布的車程都不遠，是很值得考慮的一間旅館。

Hotel Vatnsholt（三星級）

- **網站**：http://www.hotelvatnsholt.is/
- **地址**：Vatnsholt 2, Selfoss, 801
- **電話**：+354 899 7748
- **Email**：info@hotelvatnsholt.is
- **房間坪數**：17平方米（約5坪）
- **備註**：位在西南部大城賽爾福斯Selfoss附近的一間動物農莊民宿，距國家公園40分鐘車程、距Selfoss小鎮約17分鐘車程，網路評價高、房間裝潢漂亮且空間大，距離市區車程不遠。

維克Vik周邊

Sólheimahjáleiga Bed & Breakfast

- **網站**：http://www.solheimahjaleiga.is/
- **地址**：871 Vík, 871 Solheimahjaleiga
- **電話**：+354 864 2919
- **房間坪數**：17平方米（約5坪）
- **備註**：距離南部景點彩虹瀑布Skogafoss和傳統草屋Museum of Skógar約莫15～20分鐘車程，距維克鎮也約20分鐘車程。房型含私人衛浴，空間大且公共區域設備完善，民宿早餐和附近環境均佳。

Guesthouse Carina

- **網站**：http://guesthousecarina.is/
- **地址**：Myrarbraut 13, Vik 870
- **電話**：+354 699 0961
- **備註**：位於維克鎮上的一間民宿，小巧而可愛，衛浴與廁所需共用，公共空間有廚房，可使用微波爐，但禁止炒煮食物。房價含自助式早餐。

Grand Guesthouse Gardakot

- 網站：https://www.booking.com/hotel/is/
grand-guesthouse-gardakot.zh-cn.html
- 地址：Gardakot, 871, Vík
- 電話：+354 487 1441
- Email：gardakot@gmail.com
- 房間坪數：17平方米（約5坪）
- 備註：位置就在維克鎮最著名的黑沙灘海岸邊
不遠處，距維克鎮約12分鐘車程，是觀賞世界
10大海灘－黑沙灘的絕佳住宿點。

Vatnajökull瓦特納冰原周邊

The potato storage

- 網站：https://www.thepotatostorage.com/
- 地址：Svínafell 1 Langatorfa 785 Öræfi
- 電話：+354 789 0785
- Email：potatostorage785@gmail.com
- 備註：冰原附近是南部相當熱門的住宿區域，
由於周邊有許多知名景點與冰川相關活動，因
此在夏日旺季時，住宿很容易被提早訂滿。這
間在訂房網站上有著接近滿分的評價，唯獨要
注意的是，這間要求旅客至少需住兩晚以上才
能接受訂房。這條件適合想在冰川附近多待幾
天、參加相關套裝行程的旅客。

Tips

多數搭乘遊覽車遊玩的團客會選擇住在小鎮附近以便尋找餐廳和飯店，因此鎮上的旅館飯店規模較大，
且房間每晚價格偏貴；郊區的住宿則大多是規模較小的民宿，因為距離市區遠所以價格也會比較便宜。
所以如果有開車的話，建議可選擇在距離小鎮車程20分鐘以內的郊區，不僅用餐方便又可以壓低住宿的
價格，且附加的好處是郊區的光害較少，如果在9月至4月前來冰島，搞不好在民宿就可以看到極光唷！

東部住宿

　　冰島的東部有兩大旅遊重點，第一是位在東南方的赫本鎮Hofn，這個規模不大的漁港小鎮因位居傑古沙龍冰河湖不遠，是多數遊客會選擇下榻的中繼站，而位在市區內的旅館規模較大但價錢也通常較高；赫本鎮外圍的郊區房價則降低許多。

　　東部沿岸常被遊客當作銜接南部冰川和北部地熱的中繼休息點，因此變成大多數遊客不會刻意停留的區塊，加上這裡的聯外道路小又少、餐廳旅館少，對遊客來說，生活機能比較方便的地點大概就是東部最大城埃伊爾斯塔濟Egilsstadir；東部峽灣小鎮Seyðisfjörður因為鎮上旅館太少，每個晚上的房價較高。

(Tips)

冰島東區民宿網站
https://www.east.is/en/food-accommodation/
accomodation

赫本Hofn鎮市區

Guesthouse Dyngja

- **網站**：https://sites.google.com/view/guesthouse-dyngja/
- **地址**：Hafnarbraut 24, 780 Höfn
- **電話**：+354 690 0203
- **Email**：fanney@dyngja.com
- **房間坪數**：10平方米（約3坪）
- **備註**：民宿就位在赫本鎮的港口邊，附近餐廳林立地理位置方便，房間裝潢為粉色夢幻風格，網路評價高但房間價格也較高。

Old Airline Guesthouse

- **網站**：http://www.oldairline.com/
- **地址**：Hafnarbraut 24 , Hofn 780
- **電話**：+354 478 1300
- **Email**：info@oldairline.com
- **備註**：在網路評價與TripAdvisor排名都很高的一間民宿，老闆娘相當熱情，公共空間寬敞，室內裝潢屬於北歐溫馨風，房價含自助式早餐。

赫本Hofn鎮周邊

Guesthouse Hafnarnes

- 網站：http://www.hafnarnes.is/
- 地址：Hafnarnes, 780 Höfn
- 電話：+354 844 6175
- Email：hafnarnes@hafnarnes.is
- 房間坪數：10平方米（約3坪）
- 備註：位在從環島1號公路轉入赫本小鎮的99號公路上，距離小鎮市中心約為2.5公里，約5分鐘之內車程，交通方便。

Guesthouse Hólmur

- 網站：http://www.holmurinn.is/
- 地址：Hólmur, 781 Hornafjörður
- 電話：+354 478 2063
- Email：Holmur@eldhorn.is
- 房間坪數：9平方米（約3坪）
- 備註：這棟民宿位於冰川的山腳下，民宿客廳就可以遠眺遠方的冰川，是間佈置溫馨可愛的農莊民宿，但房間空間偏小。

Nýpugarðar Guesthouse

- 網站：http://glacierview.is/
- 地址：Nypugardar, 781 Hornafjördur
- 電話：+354 893 1826
- 房間坪數：8平方米（約2.5坪）
- E-mail：nypu@simnet.is
- 備註：位在靠近冰川的農莊民宿，網路上的評價相當不錯。餐廳旁邊的落地窗正對著冰島最大的瓦特納冰原，在此用餐是一大享受。房價包含早餐，但房型多無私人衛浴。距離赫本鎮約25分鐘車程。

Við Lónið Guesthouse

- **網站**：https://vidlonidguesthouse.is/
- **地址**：Norðurgata 8, 710 Seyðisfjörður
- **電話**：+354 899 9429
- **房間坪數**：19平方米（約6坪）
- **備註**：位在東部峽灣小鎮Seyðisfjörður的飯店，旅館設備新穎乾淨，附近環境清幽，網路評價極高，但價格也稍高。

埃伊爾斯塔濟Egilsstadir周邊

Eyjólfsstadir Guesthouse

- **網站**：http://www.eyjolfsstadir.is/english
- **地址**：Eyjólfsstadir, 701 Egilsstaðir
- **電話**：+354 773 0603
- **Email**：info@eyjolfsstadir.is
- **房間坪數**：9平方米（約3坪）
- **備註**：位在東部最大城Egilsstadir的城市外圍，環島1號公路上，南來北往交通非常方便，很適合當作從南邊冰川到北邊地熱區只住宿一晚的中繼站。房間裝潢溫馨可愛，但缺點是共用的衛浴較小且民宿內只有2間衛浴及1間洗手間，若民宿住房率高的期間可能會有排隊洗澡的情況。房價包含早餐。

埃伊爾斯塔濟Egilsstadir大城市區

Lyngás Guesthouse

- 網站：http://www.lyngas.is/
- 地址：Lyngási 5-7, 700 Egilsstadir
- 電話：+354 471 1310
- 房間坪數：12平方米（約4坪）
- 備註：位在大城市區內的民宿，附近餐廳密集，用餐的選擇多且交通方便，網路評價及性價比均高。公共空間大，提供廚房讓房客可以煮食，並附有免費Wifi，房型均為共用衛浴的房間。

Gistihúsið - Lake Hótel Egilsstaðir

- 網站：https://lakehotel.is/
- 地址：Egilsstaðir 1-2, 700 Egilsstaðir
- 電話：+354 471 1114
- Email：hotel@gistihusid.is
- 備註：Lake Hotel就位於風景優美的拉加爾河湖（Lake Lagarfljót）湖畔，飯店正前方是寬闊的停車場，馬路旁還有兩家超市與加油站，飯店內也有付費溫泉SPA可使用，是兼具賞景與生活機能的下榻點。

北部住宿

　　米湖附近的民宿旅館有兩個特色：第一是大多數都有包含私人衛浴；第二是大多價格昂貴⋯可能是因為這一區沒有規模比較大的城鎮，所以提供旅客住宿的旅館也較少，供不應求的關係自然而然就把價格抬高了。

　　北部另一個遊客較常停留的地點是北部大城－阿庫瑞里Akureyri，但根據我們的經驗，真的不需要住進比較貴的阿庫瑞里市區，一來停車不方便，二來房價也比較貴，建議找市區外圍的近郊民宿落腳。

（Tips）

冰島北區民宿網站
https://www.northiceland.is/en/food-accommo
dation/accommodation

米湖及銀圈景點周邊

Fosshotel Mývatn

- 網站：https://www.islandshotel.is/hotels-in-iceland/fosshotel-myvatn/
- 地址：Grímsstaðir 660 Skútustaðahreppur
- 電話：+354 453 0000
- Email：myvatn@fosshotel.is
- 備註：這間是在冰島全國幾個知名景點都有據點的大型連鎖飯店，因近幾年才完工，設備新穎。其座落位置正對著米湖，景色優美寬闊，距離北部知名瀑布景點也都不遠，是很值得推薦的住宿地點。

Vogafjós Farm Resort

- 網站：https://www.vogafjosfarmresort.is/
- 地址：Vogar, 660 Myvatn
- 電話：+354 464 3800
- Email：vogafjos@vogafjos.is
- 房間坪數：13平方米（約5坪）
- 備註：位在米湖沿岸的農莊民宿小木屋，農莊附設的餐廳Vogafjós restaurant連續好幾年被Tripadvisor評選為米湖附近第1名的優良餐廳，餐廳正對米湖，是民宿早餐的用餐所在。早餐選擇性和美味程度極高。

Guesthouse Storu-Laugar

- **網站**：https://storulaugar.is/
- **地址**：Storu Laugar, 650 Laugar
- **Email**：gisting@storulaugar.is
- **電話**：+354 464 2990
- **房間坪數**：16平方米（約5坪）
- **備註**：距離米湖約10分鐘車程，房間裝潢溫馨可愛且空間大小足夠。

阿庫瑞里Akureyri市區

Hótel Kea by Keahotels

- **網站**：https://www.keahotels.is/hotel-kea
- **地址**：Hafnarstræti 87-89, 600 Akureyri
- **電話**：+354 460 2080
- **Email**：kea@keahotels.is
- **備註**：這間四星級的飯店地點位於市中心內，旁邊就是雙塔教堂，是網路評價與訂房網站評分都頗高的一間住宿。

Akureyri Backpackers

- **網站**：https://www.akureyribackpackers.com/
- **地址**：Hafnarstræti 98, 600 Akureyri
- **電話**：+354 571 9050
- **Email**：akureyri@backpackers.is
- **備註**：是市區內的平價首選，網路評論則數也不少，適合可以接受背包客棧的旅客們。

阿庫瑞里Akureyri周邊

Guesthouse Pétursborg

- **網站**：須至第三方訂房網站訂房
- **地址**：Pétursborg, 601 Akureyri
- **電話**：+354 461 1811
- **Email**：guesthouse@petursborg.com
- **房間坪數**：10平方米（約3坪）
- **備註**：位在阿庫瑞里北邊的環島一號公路邊，距阿庫瑞里市區車程約10分鐘，房間偏小，房型多為共用衛浴，旅館內有共用洗衣機提供住戶使用。房價包含早餐。

peaceful

Sunnuhlid houses

- **網站**：https://sunnuhlid.business.site/
- **地址**：Sunnuhlid houses, 606 Akureyri
- **電話**：+354 864 6427
- **Email**：sunnuhlidhouses@gmail.com
- **備註**：位於阿庫瑞里Akureyri市區對岸山坡上，是幾棟木屋造型的民宿，皆有獨立衛浴與廚房，晚上還可遠眺城市夜景，適合喜歡嚐鮮的旅客。

超市採買指南

　　只要是離開了市區，餐廳的數量便大幅減少，且在冰島餐廳吃飯，隨便一餐都要好幾百塊台幣起跳，若沒有預算的朋友，超市就是最佳夥伴，不僅能在此購買長途車程中的補給糧食，也能順便採買做菜食材，並利用民宿的廚房簡單開伙就很省。且若有時候碰上民宿沒有附早餐，也是必須自行準備。

Bónus超市

　　由於Bónus超市的圖像是一隻粉紅豬，因此大家都會俗稱它為「小豬超市」。Bónus是冰島物價最便宜的超市，據點也遍佈全島，因此環島期間若有機會經過，絕對要把握機會進去補充糧食。

相當好用的超市商品比價網站，一次列出每項商品在三大超市的價格，適合精打細算的旅客將此網站設為最愛。https://www.verdgattin.is/

Krónan超市

　　Krónan的代表圖像是一顆黃色笑臉，也是主打低價的超市，生鮮的種類比小豬超市多，店面也較寬敞，若有機會經過也可進去一探究竟。

Nettó超市

Nettó超市的有些門市主打24小時營業，在這裡能找到各類的日常生活用品，不過生鮮食材的部分就不如前兩家超市來的多與新鮮。

超市必買在地特產

由於冰島漁獲豐富，在這裡買海鮮是既新鮮又不貴，像是跟牛排一樣大塊的鮭魚、換算下來才一百多塊的魚子醬都值得一嚐。也由於冰島水質優良而製造出來的啤酒也是必買名單之一，其中維京Viking更是歷史悠久的大品牌。還有因島上畜牧業發達而衍生的乳製品與種類多樣的起司更是不可錯過。

冰島的第一間COSTCO超市

2017年5月23日，冰島第一間COSTCO正式在雷克雅維克的近郊－加爾札拜爾Garðabær開幕，這間主打低價量販的美國超市銷售的用品平均單價普遍低於冰島其他超市價格，且販售的汽油油價更是硬生生比國內其它加油站低了將近每公升8塊錢的價差，因此開幕至今，已經讓許多冰島在地店家不得不降低價錢來和COSTCO競爭。不過目前整個冰島國內只有一間好市多賣場，因此若行程剛好有經過的旅客們，不妨前往這裡囤貨加油撿便宜。

冰島趣聞：當地習慣

台灣人難以理解的行為

一年四季都吃冰

有四件事情冰島人一年四季都會做，像是吃冰淇淋，還有就算下雪也要在戶外BBQ，不管天氣如何都會去游泳池。另外，由於夏季氣溫頂多13度上下，加上天氣多變，因此室內暖氣沒在關。

在泳池裸泳

冰島人除了愛去酒吧，另一個常去的就是游泳池了，如果在泳池見到冰島人裸泳，或在泳池附設的熱水池和三溫暖裸浴的話，請不用太過驚訝，這只是冰島人的日常而已。

嬰兒車放店門外

由於冰島近乎零犯罪，家長會放心的把嬰兒車放在店門外，讓嬰兒睡著後不會被店內喧嘩聲吵到，也能呼吸到戶外新鮮的空氣。

直呼對方名字

冰島人稱呼對方都是直呼其名，這與重視人人平等的精神有關，在冰島，社會幾乎沒有階級，人們普遍不存在地位高低的想法，因此就算是長輩、上司甚至總統，冰島人也都是直接叫對方的名字。

放店門外的嬰兒車

有膽你就來！冰島當地的特色食物

早期的冰島由於氣候嚴寒、土地貧脊，物資也匱乏，能夠吃的東西都盡量會物盡其用，因此會想辦法讓生物各個部位都能烹調食用，便發展出各式另類料理，沿用至今也成了獨樹一幟的特色。

被稱為「地獄美食」的料理

- **甘草糖 Lakkrís**：因冰島環境寒冷，普通作物幾乎不可能生長，而甘草屬於植物的根莖部分，不需開花也能生存，可食用的根部比蔗糖甜上數十倍，便成了他們的零食。
- **烤羊頭 Svið**：光是整顆頭端上桌的視覺感受就夠衝擊的了。
- **發酵鯊魚肉 Hákarl**：將小鯊魚肉風乾發酵四、五個月，味道特殊。
- **純黑麥麵包 Rúgbrauð**：將純黑麥麵粉糰放入特製木桶中，藉由地熱烤熟麵包，通常很甜，可以保存很長時間。
- **血布丁 Slátur**：是以動物的內臟、碎肉和血綜合攪拌灌成香腸或肉泥。

冰島人討厭的遊客行為

冰島幣在金融危機後大貶值，旅遊成本也大幅降低，而隨著旅遊人數不斷增加，在冰島人眼中的頭痛人物也越來越多，以下是常見的令人翻白眼行為：

隨地大小便

如此不文明的行為在冰島時有所聞。由於地廣人稀，上路後往往要開很長一段時間，此時要是想上廁所，沒有意志力的就會在路邊解放了。可以的話，請忍到加油站或餐廳，如果附近有景點，遊客中心也會有廁所，要是真忍不住，請記得事後清理乾淨就好，但請注意不要用火燒，曾經就發生過有遊客不想清理，靈機一動點

火處理，結果風勢助燃，火勢延燒到周遭植被，一發不可收拾，最後是出動消防車才撲滅。

破壞自然景觀

　　冰島相當保護自然，此番堅持可以讓冰島保有原始地貌，每年還吸引許多遊客慕名前來帶動觀光，因此任何破壞自然的行為，冰島人都很難忍受。常見的像是往溫泉或小溪裡丟硬幣，不但大自然難分解，維護人員也很難清理；另外像是車子開上沙灘、壓過苔蘚，或是在火山岩上寫字，都是直接毀掉百年景觀的行為，一旦被破壞，大自然得花上同樣長的時間才能復原。

不夠尊重女性

　　冰島是世界上兩性最平等的地方，女性在社會上的權利義務與男性相同，受到絕對的尊重，進而培養出冰島女性獨立自強的個性，他們像男生一樣會請喜歡的對象喝酒、輕鬆聊著性生活、參加派對放鬆，有些不知情的外國遊客誤以為冰島女性比較開放，在言語或行為上顯得較為輕佻，一旦超過底線，她們可是會反擊的。

隨地露營

　　有些遊客不在規畫好的露營區露營，反而把帳篷搭在路邊、停車場或草坪等地方破壞環境，更甚者還會隨地大小便，或是留下一袋垃圾，讓當地人非常困擾。

冰島趣聞：千年語言

古老的冰島語

　　冰島語是非常古老的語言，自維京人抵達冰島以來，已經將近一千年沒有變化了，至今仍然保有當時的語法，因此現今的冰島人還能夠讀懂古老的作品，這都歸因於歷代冰島人重視文化延續的緣故，為了保護語言，甚至成立了姓名委員會、單字委員會等審查單位，確保語言使用上都有依循冰島語法的規範。

　　冰島語也是世上最難學的語言之一，有些單字像是下雪，依據使用情境的不同，可以有10幾種詞彙來形容，而句子的時態變化更高達16種，另外由於組合規則，許多單字也都超級長，像是Eyjafjallajökull（艾雅法拉火山），就是由eyja（島）、fjall（山）、jökull（冰河）所組成，意思是在島上一座冰河裡的山。

冰島姓名學

冰島姓名同樣由姓和名所組成。姓氏方面，通常是在爸爸的名字後面加上「～的兒子（son）/ ～的女兒（dóttir）」，如果爸爸名字是Jón，女兒的姓就會是Jónsdóttir，而從姓氏頂多可以知道性別和上一代是誰，但無法從姓氏辨別哪些人是同一家族，因此有助消除隔閡，呼應冰島人人平等的精神。而取名的話，則是只能從「冰島命名委員會」的名單中做選擇。

基本冰島語

若看多了冰島的景點名稱，會發現有些地名有著相同的字尾，因冰島的命名邏輯很單純，且單字大多源於天然景色，只要瞭解了一些基本單字，看到一長串文字當中有相似的單字，就不難判斷其代表的意思。

分類	冰島語	中文
基本	halló	你好
	bless	再見
	gjörðu svo vel	請
	takk fyrir	謝謝
	afsakið	對不起
	ekkert að pakka	不客氣
	já	好的
	nei	不了
	hvað kostar það	多少錢？
	hvað heitir þú	你叫什麼名字？
	skál	乾杯
住宿	hvar er klósettið	廁所在哪裡
	hótel	飯店
	farfuglaheimili	青年旅館
	Tjaldsvæðið	露營區
	eru herbergi laus	有空房嗎？
	er morgunmatur innifalinn	含早餐嗎？
設施	flugvöllur	機場
	banka	銀行
	pósthús	郵局
	Lögreglustöð	警察局
	snyrting	公廁
交通	opið	開放
	lokað	關閉
	bannað	禁止
地名字尾	-dalur	峽谷
	-fjörður	峽灣
	-foss	瀑布
	- hraun	岩漿地帶
	- höfn	港口
	-jökull	冰原
	- kirkja	教堂
	- tjörn	池塘
	-vík	海灣
	-lava	火山岩

Chapter 7

特產購物篇

souvenir

坐擁豐富的天然資源與保存良好的文化風情，造就了冰島成為獨樹一幟的國家，當
地人也發揮創意，結合在地特色開發了許多既實用又幽默、具代表性的紀念商品。
建議旅人可以在購物這塊多留點預算，因為許多令人愛不釋手想帶回家珍藏的逸品
都讓你難以取捨。

羊毛衣物

大家都說北歐物價貴不適合購物，但其實冰島很多東西的性價比都很高，特別是羊毛類的衣服、帽子、手套、圍巾、耳罩等禦寒衣物，百分之百冰島製造，品質好、重量輕又保暖。

Tips

若是覺得商店裡的羊毛衣價格都超出預算，可以到同樣在大街上的Red Cross Shop紅十字公益店鋪逛逛，有時能找到不錯的二手毛衣。或是待週末去Kolaportið 跳蚤市場淘寶看看。

冰島特色馬克杯

薄薄的瓷杯沒有太特殊華麗的造型，但卻有最能代表冰島歷史和精神的國徽：國旗邊緣上的金爪龍、黑牛、金爪白隼及白衣老人在冰島的傳說中代表守護這個國家的守護神。小小的杯子上刻畫了冰島特殊地形、氣候和歷史故事於其上，因此極具代表意義。

噴泉造型保險套

冰島人的幽默總會時不時表現在一些小地方上，如保險套的包裝以男性仰躺的造型再搭配噴泉的意象，讓體積小的產品成功獲取大家的目光。

藍湖周邊保養品

　　享譽國際的藍湖是旅人必來的景點之一,而在湖內敷的火山泥在外面的商店也買得到,紀念品大街還有一間藍湖品牌的商品專賣店,面膜、去角質與洗面乳都是熱賣款。

冰島特色地圖

　　冰島全國地圖有各式各樣的主題,像是可愛的卡通插畫以及復古筆風的神話地圖,每一款都像幅畫般值得帶回家裱框裝飾。

Puffin圖樣紀念品

　　海鸚Puffin是冰島的國鳥,是接近極圈的北方才能見到牠們的蹤影。由於模樣可愛討喜,因此在紀念品商店也會看到許多有關Puffin的產品,像是磁鐵、明信片、玩偶和吊飾等周邊都值得帶一些回家收藏。

Brennivín黑死酒

　　被稱為「冰島國釀」的黑死酒，是一種濃度為37.5%或40%的清酒，由穀物或馬鈴薯發酵後蒸餾而成，並添加了孜然、香菜等香草調味，氣味相當獨特強烈，是冰島最具代表性的酒類。至於好喝與否，則見仁見智。

主題紀念瓶

　　太喜歡冰島當地的一切而想帶一點實體的紀念回家？沒問題！現在紀念品店也看得到一罐罐售有火山岩碎塊的紀念瓶，與相當少見的克朗硬幣、主題郵票，甚至還有賣冰島空氣！連冰川碎片也有賣，只是帶回台灣早已融化成一包摻有紅沙的水。

火山岩燭台

　　代表冰島特色地景之一的火山也被拿來製成許多周邊產品，推薦大家可以帶一座火山岩燭台回去，只要點上蠟燭，就能自己在家欣賞火山爆發。

特色巧克力

冰島人非常喜歡吃糖果，甚至訂定每週六為「全國糖果節」，當天商店裡的糖果跟巧克力都會大打折，讓在地人滿載而歸。其中「OMNON」是當地有名的手工巧克力品牌，包裝精美的特色，總讓人忍不住想帶一系列回家。

馬糞造型的巧克力

以冰島馬為主角，一顆顆土黃色的馬糞糖可是貨真價實的牛奶巧克力，真的可以吃。

北歐人特愛的甘草糖

甘草糖是北歐人特愛的零食口味，嚼起來有點類似帶點甜味的中藥，冰島商店裡也常見甘草口味的巧克力產品，若沒吃過的人可以先買一小包來嚐鮮看看是否可以接受，若不喜歡的話，可要避免買到有「licorice」或是冰島語「lakkrís」字樣的糖果。

火山鹽

此鹽非彼岩，並非是將火山灰添加在食用鹽裡，而是由於獨特的火山地形才能生產出來的黑鹽，成分帶有多種微量元素與礦物質，對身體有益。口味上比起一般鹽的鹹味更鮮明，也稍微有一點點刺激舌頭的辛感，作為牛排和海鮮的調味都很適合。火山黑鹽不外銷，只在當地才買得到。

購物後的退稅須知

爽快的購物完之後，只要在同一家店買超過6000冰島克朗，就可以到機場辦理退稅。而詳細的參考流程請參考第Chpater 2的「退稅流程」。

Chapter 8

極光追逐篇

The
Northern Lights

好不容易來到冰島,如果還遇見極光,能讓這趟旅程更值回票價。儘管極光是否會現身全憑當晚的運氣與天候狀況,不過只要在事前做足功課、讀懂天氣預報與觀測指數,就能大大提高看見極光的機會。

關於北極光

形成原理

　　當太陽風受到地球南北兩極的磁場吸引而進入大氣層，其中太陽風裡的帶電粒子與地球大氣層中的原子碰撞而造成的發光現象就是極光，是高緯度國家才看得到的天文現象。而因發生碰撞的高度不同，故會產生紫紅色或藍綠色等不同色彩。

好發季節

　　冰島其實一整年都有極光發生，只是必須在天黑的時候才看得到，而冰島夏季5～8月正值永晝，因此即使時間已達半夜，天空依然還是微亮。若是想看極光，在9月中～4月初到訪都有機會，其中11月～1月的深冬則因天黑的時間最長，相對有較高的機會看到極光，因此夜晚的長短與冰島的季節息息相關。

觀看地點

　　與其他高緯度國家不同的是，冰島全國都在極光帶上，因此只要是天空無雲、一望無際且避開光害的地方，甚至是下榻的民宿前，就很容易欣賞得到極光。不過若遇到極光大爆發的時期，就算是市區也能看得到。

		冬			中間期		夏			中間期		冬	
月份	1	2	3	4	5	6	7	8	9	10	11	12
日落時間	18點	20點	21點	23點		X		24點	22點	20點	18點	17點
夜晚長（時）	15	11	9	5		夜晚天空仍是微亮狀態		3	7	10	14	16

如何掌握極光？

想要成功目睹極光，天空無雲夠黑是首要條件，若是下雨或下雪就無緣了。再來就是判斷極光強度，極光強度從低到高分為0～9級，數字越大代表極光越強，只要達到4級以上即可目視得到極光。

冰島官方出了一個相當方便的「極光預報網站」，可立即掌握極光指數與綜覽全國各地的雲層厚度。以下圖為例，右方的數字為3，顯示極光的程度稍弱；且西南部大片深綠色，代表雲層很厚，因此只剩北部有機會看得到極光。

(Tips)

極光預報網站：
http://en.vedur.is/weather/
forecasts/aurora

追尋極光的方式

自駕

冰島全國都有極光，自駕就有機會看到，不但時間自由掌握、路線靈活，在等極光出現前的時間，還可以在車裡避寒休息。

參加在地旅行團

極光團會根據預報決定是否出團，並帶大家到適合觀賞的地方，如果沒看到，大多數極光團都會免費再帶大家去一次。領隊會訴說極光的故事，也有許多團員陪伴一起等。

飛機上

極光發生在雲層上方，當飛機穿越雲層後就不受天氣影響，只要有極光就可以看見，而且會和極光一起飛翔，這可不是每個人都有的幸運。

極光攝影技巧

器材裝備

- **相機**：請選可以設定快門時間的機身，以便長時間曝光。
- **鏡頭**：建議攜帶廣角鏡，能將天空的極光與地面的景點一同帶入畫面中。
- **腳架**：拍攝極光需設定長時間曝光，因此需要穩定相機，以免畫面晃到模糊。若怕被風吹到晃動，腳架中軸下可鉤重物增加穩定性。
- **備用電池**：電量在低溫下消耗較快，多帶電池以備不時之需。
- **快門線**：一般是為了防止按快門時的震動造成相片模糊，若是沒有快門線的話，也可改用相機的「2秒拍攝」功能，意即按下拍攝後2秒才會啟動快門，也有相同效果。

相機設定

拍攝極光前，需在M手動模式下，試著調整下列參數，能讓相片呈現的更美：

- **光圈**：f代表光圈，後方數字越小代表光圈的進光量越大，由於現場光線不足，因此需要大光圈來增加進光量，在拍攝時可以嘗試f3.5以上的光圈。
- **ISO**：當數字越大，代表增感更多、照片整體會越亮，但要注意若調得太高，畫面上會產生雜訊。拍極光時可以從ISO 1600開始嘗試。
- **快門**：用來控制光線進入時間，因此快門時間越長，光量累積越多，極光越明顯，時間設定會依據當時環境與極光的亮度而有不同，可從曝光時間為20秒開始試拍。
- **對焦**：若對著天空採用自動對焦，相機會因天空太遠而對不到焦，所以要將焦距切到「無限遠∞」；或是切換到手動對焦，相機才會動作。而手動對焦的做法，可以試著從觀景窗找到最亮的星星，手動調整焦距讓星星在觀景窗中成為夠清楚的亮點，即代表對焦完成。

禦寒服裝

冰島是全球適合觀測極光的城市中相對較溫暖的地點，以能看到極光的中間期（4、9月）來說，夜晚大約2°C，而冬季（10～3月）夜晚大約0～-10°C，等極光

冰島各地氣候預報：http://en.vedur.is/weather/forecasts/areas/

時會有一段時間待在戶外，且遇風大，體感溫度會更低，若想禦寒，可參考這樣的穿法：

- **口罩**：戴口罩，或是將脖子的魔術頭巾往上拉包住口鼻。
- **帽子**：把脖子的魔術頭巾往上拉套住耳朵，再把外套帽子戴上、拉緊帽子束帶阻止風吹入。
- **圍巾**：圍上圍巾或穿戴自行車用的魔術頭巾能防止寒風吹入。
- **上衣**：洋蔥式穿法，先穿發熱衣，再加中層保暖，最後穿上防風保暖的外套。
- **手套**：戴一雙防風手套，效果比放口袋好。
- **褲子**：一件發熱褲（平價服飾店的即可），再加一件外褲。
- **襪子**：台灣冬天穿的厚襪即可，不用穿到羊毛襪。
- **鞋子**：防風即可，別穿超透氣運動鞋。
- **暖暖包**：可用來塞在鞋子裡或貼在內衣上，加熱效果不錯。

若想搭配指標景點一起拍出如明信片般的風景極光照，推薦以下幾個不錯的拍攝地點：

- 冰島南部→藍湖溫泉一帶、辛格維利國家公園（Þhingvellir）、黃金瀑布（Gullfoss）、間歇泉（Geysir）、維克鎮（Vik）、傑克沙龍冰河湖（Jökulsárlón）。
- 冰島西北部→斯奈佛半島的教會山（Kirkjufell）、黑教堂（Búðir）。

附錄：急難救助資訊一覽

冰島免費緊急電話

只要手機有電且尚有訊號的狀況下，就算手機沒有插入電話卡，仍可免費撥打「112」發出緊急求救訊號。若是在雷克雅維克市範圍，播打緊急電話之後的到援時間約為3～4分鐘，而較偏遠的地區最多需24小時。

緊急連絡電話	
救護車	**112**
火警	
警察局	

若護照、財物遭竊

若錢財遭竊，請先立即撥打112向當地警察局報案，到警局裡填寫報案單、蓋章後會收到電子檔留存，回國後可以去申請理賠。因此也要強烈建議大家在出國前去保旅遊綜合險（含旅平險與不便險），花小錢多一個保障。

若是護照遺失，請同樣先到警局報案，取得當地警局報案證明Police Report。由於台灣在冰島並無駐外辦事處，因此需要就近聯繫「駐丹麥台北代表處」去申請（電話:+45-3393-5152、緊急聯絡電話:+45-2076-0466）。申請程序所需文件，請向駐外處確認細節。

若遇急難事件而尚未能與駐外館處取得聯繫時，請直接撥打專線或由國內親友與「外交部緊急聯絡中心」聯繫。

旅外緊急連絡專線	
駐丹麥台北辦事處	一般事務電話：+45-3393-5152 緊急聯絡電話：+45-2076-0466

車禍、道路救援

冰島的搜救指揮中心建議自助遊的旅客最好隨時瀏覽該中心英文網站：safetravel.is，以取得最新的氣候及路況等旅遊資訊及注意事項。可以的話，也能事

前上網登錄您的個人旅遊計畫書（travel plan），以獲得一些旅遊建議與協助。

若不幸遇車禍事故，除了同樣先撥打112以外，也可以下載「SafeTravel - Iceland」 App，以保護自身安全。

冰島緊急救難網站：http://safetravel.is/

「SafeTravel – Iceland」手機APP	
iOS版本 https://apps.apple.com/tw/app/ safetravel-iceland/id1550606986	Android版本 https://play.google.com/store/apps/ details?id=is.stokkur.safeTravel

遇車禍的處理程序

step1. 先撥打112報警	● 若無人員傷亡或財物損失，可請雙方填寫交通意外事故表（通常置於副駕駛座前的置物抽屜內），於還車時交給租車公司即可。 ● 若有人員傷亡或財物損失，則可能需進一步到附近警局做筆錄備案
step2. 通知租車公司	● 若車輛有損毀，請同時通知租車公司，他們會派車將事故車拖走、並同時送另一輛車來替換

● 若有填寫筆錄，最好影印一份作為留底，在申請保險理賠時也會用到
● 若事故有遇上財物或車輛損失的時候，保險公司通常會先要求你刷一筆自付額，待結案時再依情況作全額退費或扣款。

2AF654X

全新修訂版

冰島自助旅行
開車自駕、行程路線、當地活動、追逐極光超完整規劃

作　　者	小甜&Ethan、吳延文
責任編輯	林亞萱
特約編輯	王韻雅
版面設計	張哲榮
封面設計	走路花工作室

行銷主任	辛政遠
行銷專員	楊惠潔
總 編 輯	姚蜀芸
副 社 長	黃錫鉉

總 經 理	吳濱伶
發 行 人	何飛鵬
出　　版	創意市集
發　　行	城邦文化事業股份有限公司 歡迎光臨城邦讀書花園 網址：www.cite.com.tw

香港發行所
城邦（香港）出版集團有限公司
香港灣仔駱克道193號東超商業中心1樓
電話：（852）25086231
傳真：（852）25789337
E-mail：hkcite@biznetvigator.com
馬新發行所
城邦（馬新）出版集團 Cite (M) Sdn Bhd
41, Jalan Radin Anum,
Bandar Baru Sri Petaling,
57000 Kuala Lumpur, Malaysia.
Tel：(603) 90563833
Fax：(603) 90576622
Email：services@cite.my

I S B N	978-626-7336-19-9 2023 年9月二版 Printed in Taiwan.
定　　價	新台幣450元
製版印刷	凱林彩印股份有限公司

若書籍外觀有破損、缺頁、裝釘錯誤等不完整現象，想要換書、退書，或您有大量購書的需求服務，都請與客服中心聯繫。

客戶服務中心
地址：10483 台北市中山區民生東路二段141號B1
服務電話：（02）2500-7718
　　　　　（02）2500-7719
服務時間：周一至周五 9：30 ～ 18：00
24 小時傳真專線：（02）2500-1990 ～ 3
E-mail：service@readingclub.com.tw

※ 詢問書籍問題前，請註明您所購買的書名及書號，以及在哪一頁有問題，以便我們能加快處理速度為您服務。
※ 我們的回答範圍，恕僅限書籍本身問題及內容撰寫不清楚的地方，關於軟體、硬體本身的問題及衍生的操作狀況，請向原廠商洽詢處理。

廠商合作、作者投稿、讀者意見回饋，請至：
FB 粉絲團：http://www.facebook.com /innoFair
E-mail 信箱：ifbook@hmg.com.tw

國家圖書館出版品預行編目（CIP）資料

冰島自助旅行：開車自駕、行程路線、當地活動、追逐極光超完整規劃全新修訂版 / 小甜&Ethan, 吳延文 著.
-- 二版 -- 臺北市：創意市集出版：
城邦文化事業股份有限公司發行, 民112.09
　面；　公分. --（樂遊ing）
ISBN 978-626-7336-19-9（平裝）

1.CST: 自助旅行 2.CST: 冰島

747.79　　　　　　　　　　　　　112011388